LA CULTURE
Entrepreneuriale

selon l'Approche CIDC

*Une contribution pour le développement
de l'entrepreneuriat social en Afrique*

Joshard-Martin M.M

Table des matières

Présentation
de l'auteur

Voici un jeune homme d'une rare qualité. Un jeune homme qui a choisi de s'engager pour la cause des autres partout là ou son instinct le conduit. Voici un homme qui a décidé de défier le statut quo plutôt que de se soumettre à la norme. Il a donc répondu favorablement à l'appel de Dieu dans sa vie.

C'est avec un immense honneur et privilège que je veux présenter Joshard-Martin MBAMBI-MOYALE aux leaders du monde entier. C'est un plaisir pour moi de l'introduire non seulement en tant que jeune leader gabonais mais aussi en tant que citoyen du monde_ un jeune lion.

Par ses actions et sa vocation, Joshard-Martin a refusé de se fier aux limites apparentes de son niveau intellectuel, de son environnement, de son âge et du statu quo. En revanche, il a choisi de se développer et d'aller à contre-courant. Il est un leader à la vision mondial qui évolue dans son propre pays. Néanmoins, son interaction avec nous et les autres communautés du monde, illustre sa citoyenneté dans ce village planétaire. Sa vision consiste premièrement à transformer son environnement et avant de traverser les frontières.

En sa qualité de jeune leader entrepreneur, Joshard nous a affectés positivement par ses idées et continue d'être une source d'espoir, d'inspiration et d'encouragement aussi bien dans son pays que dans d'autres pays du monde. Son leadership et sa vision d'aigle lui permettent d'aller au-delà de ses limites en l'occurrence lorsqu'il s'agit du développement communautaire, du changement et de la culture du dur labeur. En développant son potentiel et ses nombreux talents, il a réussi à influencer beaucoup de personnes au Gabon et au Botswana. En tant que son père spirituel et son mentor, je peux affirmer que grâce à sa persévérance et sa dévotion, Joshard-Martin est aujourd'hui un symbole d'espoir et de développement pour nous également.

J'aimerais le présenter en tant que leader et un atout pour tous les autres leaders et pour toutes celles et ceux qui aspirent contribuer au développement de leur société et à celui du monde.

Phillip Bakani

Apôtre & Coach de vie

PDG de Lionsgate Enterprises

❖ ❖ ❖

Présentation du livre

En 2012, le Botswana s'est qualifié pour la toute première fois à la Coupe d' Afrique des Nations. C'est en tant que patriote et supporteur de l'équipe nationale que mon époux, **Samuel Raditloko** a rejoint la délégation de l'équipe de supporteur de Zèbres du Botswana pour s'envoler pour le Gabon. Notre équipe n'a pas certes remporté la compétition, mais Sam (Samuel), lui, a gagné une « âme Gabonaise » pour le Botswana et précisément pour notre famille. Ce qui a suivi de cette merveilleuse rencontre, était un voyage de Joshard-Martin sur le Botswana. En effet, a ouvert son cœur à la culture de notre pays et à son peuple. Il a apprécié la cuisine locale, en l'occurrence les repas faits à base de farine de maïs et ce que l'on appelle communément chez nous le « *Seswaa* ». Il a expérimenté la riche et vaste culture de ce pays. Il a assisté à de nombreuses cérémonies de mariage et de programmes d'église. Son cercle amical s'est très rapidement élargi et aujourd'hui nous le considérons comme l'un des nôtres. Il a rencontré nos familles respectives à Molepolole et à Serowe. A cause de son grand cœur, il a été facile pour tout le monde de s'attacher à lui. Sa passion contagieuse et son amour pour la vie nous a tous influencés positivement. Joshard-Martin a aimé ce que le monde du voyage lui a offert et c'est pour cela que nous l'avions vu faire une deuxième visite au Bostwana en 2013.

Durant son séjour au Botswana, Martin et Sam ont assisté à une rencontre d'hommes d'affaire, organisée à l'occasion d'un forum d'église. Grâce à son ouverture d'esprit, il a interagit avec beaucoup d'entrepreneurs. Cette rencontre a constitué *une semence entrepreneuriale plantée dans son cœur*. Samuel et moi pouvions témoigner du commencement d'une grande œuvre dans la vie d'un jeune homme venu pour une simple visite qui s'est finalement transformée en une initiation à la culture de l'entrepreneuriat. Il a été particulièrement impressionné par l'ouverture d'esprit de l'église à entreprendre des conversations liées à l'entrepreneuriat. Martin nous a partagé ses rêves. En ce temps, ses rêves ne semblaient pas assez clairs. Par contre ce qui était clair, était que ses rêves n'étaient pas que pour lui seul. Ses rêves concernaient également ses compatriotes et son pays. Nous étions éblouis par son patriotisme.

En effet, Martin voulait que ses compatriotes expérimentent un monde au-delà des frontières du Gabon. C'est dans ce sens qu'il a écrit de petits livrets qui mettent en avant son expérience avec Samuel et j'ai particulièrement éprouvé un sentiment de fierté à son égard.

Il voulait promouvoir la langue Anglaise dans un pays francophone. Il a donc fait des reportages visuels dans lesquels il interviewait des personnes en Afrique du Sud et au Botswana au sujet du bilinguisme. J'ai eu le privilège de m'asseoir derrière la caméra de Martin. Il est vrai que toutes les conditions professionnelles n'y étaient pas. Cependant, à mon humble avis, une telle initiative constituait un indicateur fiable de son sens de créativité et de l'engagement pour le développement. J'avais en face de moi quelqu'un qui utilise ce qui est à sa portée pour créer et susciter de l'impact.

Pourquoi a-t-il été important pour moi de relever tout ce qui a été dit jusque-là ?

En effet, je l'ai fait pour nous faire constater que l'amour de l'entrepreneuriat a toujours été dans le cœur de Joshard-Martin. Le fait même de prendre l'initiative de voyager pour un pays inconnu est un signe qui démontre à suffisance qu'il a le sens de la prise de risque qui est l'élément fondamental lorsqu'on parle d'entrepreneuriat. Le fait de prendre l'initiative de promouvoir l'anglais dans un pays francophone est un indicateur qui montre qu'il est un visionnaire, un porteur de solutions, quelqu'un qui détecte un besoin et qui en apporte une réponse adéquate. Ceci est également requis lorsqu'on veut être un grand entrepreneur. Le fait qu'il a créé un grand réseau à son âge démontre qu'il dispose de plusieurs compétences entrepreneuriales. Au regard de toutes ses initiatives entrepreneuriales, il ne nous a pas été surprenant de l'entendre dire qu'il avait été sélectionné pour prendre part à un programme aux États-Unis d'Amérique et particulièrement dans États de l'Utah. Nous n'étions pas non plus surpris lorsqu'il nous a partagé son ambition de mettre son expérience sous forme d'un livre. Sam et moi l'avions encouragé à réaliser ce noble projet.

« *Un jour je ferai..* », ceci est une phrase habituelle que l'on se dit à soi-même. « *Un jour je voyagerai, un jour j'apprendrai à jouer au violant, un jour j'écrirai un livre* ». Malheureusement, nous ne le faisons jamais. Alors, lorsque l'on quitte de « *Un jour j'écrirai un livre* » à « *voici mon livre* », on ne peut qu'en féliciter l'auteur. Joshard-Martin est donc parti de « *je vais écrire un livre* » à « *je l'ai fait* ».

Ce livre est un recueil de conseils pratiques qui incitent les jeunes et les vieux à poursuivre leurs rêves d'entreprendre. Ce qui rend ce livre spécial c'est que Joshard-Martin partage certaines de ses expériences personnelles. Je pense que c'est toujours un privilège de lire la vie de celui que l'on connaît, de celui de qui l'on a reçu plusieurs choses au-delà des frontières du continent africain et nous en sommes fiers. Il n'y a rien de plus beau que d'entendre des histoires qui sont proches de nos réalités, des histoires des gens que l'on connaît, des gens avec qui l'on peut discuter, des gens à qui l'on peut s'identifier, des gens qui comprennent ce que c'est de se battre en tant qu'africain et de réussir dans le continent africain.

Je vous encourage à lire ce livre avec une grande ouverture d'esprit.

Dikabo Mogopodi

(Docteur en Chimie Analytique,

Auteure de trois livres; deux bestsellers "I am beautiful" and "From Fear to Freedom", **blogeuse du site** *www.sunrisemoment.com)*

❖ ❖ ❖

Présentation du livre dans le contexte du Gabon

L a culture entrepreneuriale vise à instaurer chez l'individu le goût d'entreprendre. Cette volonté est évidemment à saveur socio-économique, car la prospérité d'un pays et du Gabon en particulier passe par la création d'entreprises. Par ailleurs, au-delà de la création d'une entreprise, il apparait que les traits de personnalité qui caractérisent les entrepreneurs (aussi appelés qualités ou valeurs entrepreneuriales) sont très recherchés même chez les employés qui auront également à amorcer et à mener à terme des projets.

Quelques points de repères historiques

Le syndrome Hollandais, qu'a connu le Gabon avec le Boom pétrolier des années post-colonisation, a contribué à plus d'un titre à l'engourdissement de la culture entrepreneuriale.

Je voudrais avant d'aller plus loin dans mon développement lever la confusion entre **esprit d'entreprise et esprit d'entreprendre.**

Il est donc important de faire la distinction entre l'*esprit d'entre-prise* et l'*esprit d'entreprendre*.

<u>L'esprit d'entreprise</u> concerne les individus ayant l'intérêt et la capacité à créer et à gérer une entreprise lucrative ou d'écono-mies sociales en réponse aux besoins d'un public cible.

<u>L'esprit d'entreprendre</u> invite les individus à repérer des oppor-tunités (besoin, problème, manque), puis à réunir les moyens nécessaires pour initier et mener à terme un projet qui répondra aux besoins d'un public cible, et ce, sans nécessairement recher-cher de gain financier.

C'est principalement **l'esprit d'entreprendre** qui est visé en contexte gabonais.

La question que ce livre se propose de résoudre est celle de savoir comment transformer la connaissance en valeur économique ?

Le Gabon reste l'un des rares pays qui a des étudiants boursiers. Depuis 2009 des politiques publiques ont été implémentées pour créer une caste d'entrepreneurs capable de diversifier l'Economie gabonaise : zoom sur le NEW YORK FORUM, des incubateurs d'initiatives publiques et privées ont vu le jour.

On distingue habituellement trois grands champs éducatifs : le savoir, le savoir-faire et le savoir être.

Le savoir correspond aux connaissances intellectuelles, le sa-voir-faire à des compétences pratiques issues de l'expérience dans une activité donnée et le savoir être correspond à la capa-cité de produire et maîtriser des actions et réactions adaptées à l'environnement par le biais d'attitudes et de comportements.

L'avenir économique du Gabon repose sur sa jeunesse à l'unique condition que cette couche de tous les maux prenne conscience du rôle stratégique qui est le sien.

La crise de l'emploi persistante en Afrique et au Gabon en particulier exige des politiques d'emploi plus efficaces, y compris des programmes de formation et un soutien à la recherche d'emploi mais surtout une prise de conscience commune de ce que les solutions ne sont pas globales mais au cas par cas.

L'autonomisation économique ou le renforcement du pouvoir économique des Gabonais comportes de nombreuses composantes. Il s'agit d'un concept large, qui englobe la réalisation de plusieurs droits, et mène à une transformation des rapports de pouvoir vertical et horizontal.

Elle inclut la capacité à générer des ressources suffisantes, d'une manière durable, pour qu'elles puissent répondre à nos besoins et à ceux des personnes à notre charge, assurer son autonomie et son épanouissement au sein de la famille et de la communauté et avoir une capacité d'épargne pour réinvestir dans ses activités économiques et faire face aux situations d'urgence.

L'autonomisation économique signifie également qu'on a la capacité de prendre des décisions concernant les bénéfices qui résultent de son activité économique, qu'on a un accès équitable aux ressources et aux opportunités économiques et qu'on exerce un contrôle équitable sur celles-ci.

Finalement, le renforcement du pouvoir économique consolide la confiance, l'estime de soi et permet d'influer et de contribuer en toute égalité à la croissance économique du pays et de la collectivité.

Voici un nouveau livre d'introduction à la culture entrepreneuriale, de la calculabilité et de la complexité. Un de plus ? Non, car il s'inscrit dans l'évolution et l'enrichissement continuel de ce sujet et qu'il témoigne de sa vitalité et de son mûrissement. Loin d'être encore un domaine standardisé, il n'est plus à ses débuts et son exposition s'est enrichie au fur et à mesure de l'expérience acquise dans la pratique. *Il n'existe pas pour l'instant de présentation standardisée de l'entrepreneuriat, au sens où le livre de* **Joshard Martin MBAMBI-MOYALE** *a pu en constituer une.*

Ce livre représente un choix pragmatique fondé sur un enseignement réalisé en interaction avec la pratique. C'est un choix original de sujets et il dévoile au fil des pages les prolongements des éléments de base vers des sujets plus spécialisés. En ce sens, il constitue une introduction stimulante, qui donne envie d'aller plus loin aux débutants et réserve des surprises aux spécialistes du domaine.

Il plaira spécialement aux jeunes et aux femmes qui représentent les couches les plus vulnérables ayant le goût du travail acharné. On y trouvera ainsi un résultat peu connu sur la culture entrepreneuriale.

La présentation est exceptionnellement claire et les preuves sont données avec grand soin. Signe des temps de recherche de qualité, les exercices sont accompagnés de solutions qui sont la seule garantie que l'exercice est faisable.

Bon voyage donc au lecteur qui aborde cet ouvrage et auquel je souhaite autant de plaisir que j'en ai éprouvé à sa lecture.

Je vais conclure mon propos avec la métaphore de la cuisine : dans le principe de « causalité », on suit la recette de cuisine à la lettre alors que dans le principe de réalisation de soi, on tente de réaliser un plat à partir de ce qu'on a sous la main. Selon moi, l'enseignement de l'entrepreneuriat devrait s'inscrire dans ce principe de « réalisation de soi » pour développer le côté savoir être des lecteurs, en développant le fameux "learning by doing".

Pépécy Ogouliguende

Présidente de l'ONG MALACHIE

Introduction

J'ai eu à cœur d'écrire ce livre suite à une conversation entreprise avec un ancien condisciple d'université au sujet de l'une de mes expériences professionnelles. Il s'agissait d'une prestation de service d'interprétation que j'avais fourni à un tour opérateur local. Ce dernier en était tellement intéressé qu'il avait fini par me demander si j'avais mis cette expérience sur écrit pour en faire profiter à d'autres personnes. Le fait de n'avoir pas répondu à l'affirmative m'avait permis de réaliser la nécessité d'écrire non seulement cette expérience-là, mais aussi toutes les autres que j'avais acquises au travers d'autres activités professionnelles.

Je dois souligner que la demande de ce denier (cet ancien condisciple d'université) en était une unième du genre, d'où le déclic en moi de produire cet ouvrage que je considère comme un outil de promotion de l'entrepreneuriat en Afrique. Pour ma part, l'entrepreneuriat, a toujours été un état d'esprit qui m'a toujours poussé à prendre plusieurs initiatives socio-économiques, lesquelles m'ont permis de valoriser mes idées, et surtout ma passion pour le développement communautaire. Ce livre que vous vous apprêtez à parcourir est l'expression de ma volonté à étendre ma voix à travers le monde afin valoriser la culture entrepreneuriale à l'image d'une expérience personnelle. Il retrace donc le parcours que j'ai suivi pour bâtir, mieux, pour forger en moi une culture entrepreneuriale dynamique. En effet, c'est au travers d'une succession d'épreuves, de difficultés, d'échecs, d'erreurs, d'adversité, mais aussi de relèvement, de réinsertion, de réadaptation, de réussite et de succès que j'ai appris certaines leçons de la vie.

Il nous arrive souvent de croire en nos rêves lorsque tout semble marcher correctement. Cependant, lorsque l'adversité se présente, l'on a tendance à céder facilement au découragement et à la procrastination. L'expérience a démontré à suffisance l'effectivité de cette réalité, et cela, dans tous les domaines de la vie. Ainsi, toutes celles et ceux qui ont traversé ou qui traversent à ce jour cette terrible réalité qui pourtant reste un phénomène naturel, représentent de véritable porteurs de message d'espoir pour les plus faibles, notamment les personnes qui y cèdent facilement. C'est dans ce contexte bien particulier que j'ai également ressenti le besoin de faire passer un message au monde entier au travers de cet ouvrage, qui traite de la culture entrepreneuriale telle que je l'entends et la vis. Ce livre a été conçu pour inspirer toutes celles et ceux qui aspirent à apporter un changement positif et durable aussi bien dans leur communauté que dans le monde.

Je pense que le changement n'est rien d'autre que la prise d'initiative d'un individu qui a pris conscience de l'existence du potentiel qui réside en lui. Ce changement sur le plan individuel exerce naturellement une influence, voire un impact positif sur l'environnement.

Cet ouvrage constitue donc une véritable réponse aux multiples questions que se posent de nombreuses personnes qui soucient de leur avenir dans un monde frappé par la crise économique, et qui peine à offrir des solutions adéquates et durables. Aujourd'hui, ce que j'appelle "le schéma classique de la vie", c'est à dire : naître, aller à l'école, travailler, prendre sa retraite et mourir, a subtilement contribué à inculquer au monde une espèce de mentalité standard ou commune, ce qui d'une manière ou d'une autre a réussi à conditionner la conception de la vie chez beaucoup de personnes ; ce qui est tout à fait légitime. Cependant, j'aimerais particulièrement mettre en avant deux étapes stratégiques intégrées dans ce processus, à savoir "Aller à l'école" et "Travailler". Ce sont en effet ces deux notions qui sont l'objet de la réflexion que j'ai mené tout au long de mon parcours en tant qu'étudiant (quand je l'étais). Je présente au travers de ce livre, une approche stratégique permettant le développement d'une culture entrepreneuriale chez celui et celle qui la mettra en pratique après lecture.

Mon souhait est que ce livre vous permette de faire la merveilleuse découverte de vos talents afin de les développer et de les valoriser partout où que vous soyez, car vous êtes important pour la société et largement au-dessus de ce que vous pouvez penser ou imaginer. Ce ne sont pas que des bons et beaux mots que j'emploie ici. Ceci est l'expression d'une forte conviction qui émane d'une expérience vécue et acquise sur le terrain. Autrement-dit, après avoir fait la découverte du potentiel qui sommeillait en moi, je me suis rendu compte du mythe que nous renvoie le *"schéma classique de la vie"* dans sa configuration actuelle. Je suis convaincu que tout le monde détient un potentiel extraordinaire et unique que ni le gouvernement, ni l'école, ni la famille, ni les réseaux sociaux ne peuvent parfaitement ressortir si ce n'est le "dur labeur".

Au regard de la modeste expérience dont je dispose aujourd'hui, je me suis très vite aperçu d'une réalité (ceci reste tout à fait subjectif); Je pense que l'école nous donne de la connaissance, mais l'expérience quant à elle, la sagesse. Un jour, un ami me disait "il y a la vie de l'école et l'école de la vie.". En effet, l'expérience acquise permet de mieux asseoir la connaissance reçue. Derrière toute expérience quelle qu'elle soit, réside une vie c'est à dire, de multiples idées, de nombreuses pratiques et habitudes; en claire, toute une culture ; toute une mentalité ; toute un style de vie. Je dois dire que j'ai également eu à cœur d'écrire ce livre pour valoriser des principes que j'estime nécessaires au développement de l'esprit entrepreneurial chez la jeunesse dans le monde en général et en Afrique en particulier. C'est-à-dire que ce livre constitue une boussole aussi bien pour l'aspirant entrepreneur que pour celui qui peine à véritablement à se stabiliser en dépit du nombre d'année d'exercice et du nombre de formation reçues. Il est aussi et surtout un message d'espoir pour toutes les personnes en situation difficile, c'est à dire les groupes défavorisés, à savoir: les personnes d'handicapées, les personnes en situation de précarité et les personnes en chômage.

Ce livre permettra d'éveiller l'esprit de leadership qui est en dépôt chez beaucoup de personnes qui l'ignorent jusqu'à ce jour. Il est conçu pour inciter d'avantage la jeunesse à la culture du travail, de l'effort, de l'excellence, de la créativité et de l'innovation. En bref, il a pour objectif de forger une mentalité d'entrepreneur leader.

J'aimerais finir mon introduction par deux proverbes que j'affectionne beaucoup.

Le premier est un proverbe biblique 24 : 30-34 qui dit:

"J'ai passé près du champ d'un paresseux et près de la vigne d'un homme dépourvu de sens. Et voici, les épines y croisaient partout, Les ronces en couvraient la face, Et le mur de pierres était écroulé. J'ai regardé attentivement et j'ai tiré instruction de ce que j'ai vu. Un peu de sommeil, un peu d'assoupissement, Un peu croiser les mains pour dormir. Et la pauvreté te surprendra comme un rôdeur et la disette, comme un homme en armes.[1]"

Le deuxième est un proverbe chinois qui dit:

" Celui qui sait qu'il ne sait pas, éduque-le. Celui qui sait qu'il sait, écoute-le. Celui qui ne sait pas qu'il sait, éveille-le. Celui qui ne sait

pas qu'il ne sait pas, fuis-le.[2]"

Je vous souhaite une agréable lecture.

CHAPITRE I

La place de l'entrepreneuriat dans la société

Dans ce chapitre, j'aborde les points suivants :

1. L'importance de la culture de l'entrepreneuriat dans la société en mettant en avant une définition personnelle dudit concept
2. Le rapport entre l'entrepreneuriat et l'État
3. Le rôle de l'individu dans le développement de la société

I. L'entrepreneuriat

Mettre une activité génératrice de revenu sur pied pour commercialiser un bien ou un service à une clientèle bien choisie à l'exemple d'un magasin de vente de vêtement ou d'un cabinet de consulting ; voici en quelques mots une définition pratique que l'on peut attribuer à **l'entrepreneuriat**. En effet, l'entrepreneur est une personne qui exerce une activité lucrative, et qui lui permet d'en vivre.

Il est tout de même important de souligner qu'avant l'émergence de la culture du modernisme, l'entrepreneuriat avait toujours existé. Il se présentait d'ailleurs sous une forme beaucoup moins pécuniaire qu'elle ne l'est aujourd'hui. Autrefois, l'on pouvait bien vivre des produits que généreraient des activités telles que la pêche, la chasse ou le maraîchage pour ne citer que celles-là. Celui qui entreprenait l'une de ces activités par exemple pouvait ainsi jouir du fruit de son labeur, et en faire profiter aux siens également, ce qui mettait en exergue l'apport social de ladite activité. Il faut dire qu'en ce temps-là, la notion du "travail" était essentiellement basée sur le principe divin selon lequel « *l'homme mangera à la sueur de son front* ». Cela n'avait donc qu'un sens de survie et en constituait donc un réflexe naturel chez l'homme. Ainsi, l'on s'aperçoit tout de suite que le fait de vivre du fruit de son travail a toujours été présent dans l'esprit de l'homme, et ce, quelle que soit sa situation géographique, raciale ou culturelle.

Cependant, l'arrivée du modernisme et de la monnaie a amené l'homme à, en plus d'entreprendre pour se nourrir, entreprendre pour commercialiser le fruit de son travail afin d'obtenir de l'argent, ce qui lui permet ainsi de satisfaire d'autres besoins en plus de ceux reconnus comme primaires, par exemple construire, voyager etc. Ainsi, étant sous une forte influence du modernisme, l'entrepreneuriat, à mon sens, a pris une autre tournure en développant plus une dimension commerciale. Cela a donc, très rapidement attribué, au sens dudit concept, l'idée de commerce. Aujourd'hui, entreprendre peut être également défini comme le fait de commercialiser des biens ou des services dans un domaine bien choisi afin de vivre de cette activité et de satisfaire ses nombreux besoins. Cela passe premièrement par une idée, puis par un projet et enfin par la mise en œuvre de ce dernier. Ce principe universellement consacré s'applique à toute échelle ; que l'on soit dans un cadre rural, informel et traditionnel ou urbain, formel et moderne. L'expérience a démontré que plusieurs grandes entreprises (initiatives) dans le monde ont eu de commencements assez précaires du fait des conditions difficiles traversées par leurs fondateurs. Cependant, la détermination de ces derniers leur a permis de partir de l'idée de création d'entreprise à l'implémentation totale de leur vision. Ainsi, il convient de dire que derrière une grande initiative entrepreneuriale, se trouve un tout petit atome que l'on appelle « **l'idée** ».

1. L'idée

L'idée est à l'origine de toutes les réalisations que l'on peut observer dans ce monde. Elle est au commencement de la naissance de grandes initiatives qui ont influencé et changé de nombreuses vies sur divers plans. L'idée est une semence plantée qui germe et qui porte son fruit à son temps. J'aimerais user d'un parallèle pour permettre une meilleur appréhension du pouvoir et de la puissance de l'idée dans la vie en général et dans la sphère de l'entrepreneuriat en particulier.

Prenons l'exemple de l'agriculture et précisément du processus de croissance d'une espèce végétale. On remarque que l'agriculteur plante d'abord une semence dans la terre , ensuite en assure l'arrosage pour permettre à celle-ci de se nourrir afin de se développer, puis en récolte les fruits ayant atteint l'état de maturité, et enfin commercialise ces derniers pour avoir de l'argent. Voilà ici présenté de façon résumée les différentes phases du processus de croissance d'une semence plantée dans le sol. En effet, il en est de même chez l'homme en ce qui concerne l'idée de prise d'initiative ou de création d'entreprise. L'idée de prise d'initiative est une semence plantée dans le sol de l'intelligence de l'homme qui doit être arrosée par l'arrosage du travail de la réflexion, de l'imagination, de la créativité, de l'innovation et de l'action, et qui porte le fruit du succès sur le plan financier, matériel, relationnel, nutritionnel etc. Ici, la commercialisation renvoie à la valorisation de la réalisation de cette idée.

Chaque idée de prise d'initiative ou de création d'entreprise reçue dans le cerveau de l'homme en constitue une semence chargée d'un potentiel immense qui n'attend qu'à être développé afin de pleinement s'exprimer de manière visible et tangible. L'idée est le début d'un rêve et d'une vision qui a le potentiel d'apporter un changement positif aussi bien dans la vie de son détenteur que dans la société dans laquelle celui-ci s'y trouve. Il a bien fallu qu'une personne murisse un jour l'idée de créer un appareil permettant de transporter des personnes et des biens en quittant d'un pays à un autre ou d'un continent à un autre, en un temps record, et cela, grâce à la gouvernail de monsieur le « Pilote ». Cela nous permet aujourd'hui de voyager sans ne plus nous soucier du problème de distance.

Vous êtes certainement employé (e) et salarié(e) dans une entreprise de la place. Vous vous levez chaque jour; cinq fois par semaine, et parfois six fois pour aller dans votre lieu de travail. Avez-vous un jour réalisé un instant qu'au-delà d'un lieu physique, vous vous retrouvez dans un lieu moral qui est régi par certaines règles de conduites bien spécifiques? En effet, ce lieu moral, que l'on appelle communément *"personne morale"* ou *"entreprise"* n'est rien d'autre que la matérialisation de l'idée mûrie par son fondateur, laquelle est à l'origine de l'emploi d'une dizaine, d'une cinquantaine, voire d'une centaine de personnes qui ont vu leurs conditions de vie changé dans le temps depuis qu'elles en sont devenues employées.

Pour que vous bénéficiez d'un salaire, d'une prise en charge médicale (assurance), d'une possibilité de cotisation en vue de votre retraite et autres, il a fallu qu'un jour, une personne réfléchisse sur la création de l'entreprise pour laquelle vous travailleriez.

En fait, l'idée est la ressource première dans tout domaine de la vie en général et dans la sphère de l'entrepreneuriat en particulier.

Par ailleurs, il faut également souligner que la pertinence d'une idée bien murie a le potentiel d'attirer de multiple opportunités. Autrement-dit, une idée bien conçue attire la ou les ressources nécessaires à sa matérialisation. De grandes personnalités influentes de ce monde ont su impacter leur génération et leur temps par la passion et la détermination avec laquelle elles ont valorisé leurs idées.

Ce principe est d'une importance capitale, car il permet à ceux qui aspirent à entreprendre, de considérer les idées de prise d'initiatives qui leur viennent constamment à l'esprit. Je pense que lorsqu'une idée de prise d'initiative entrepreneuriale nous parvient à l'esprit de manière récurrente, cela constitue un indicateur assez parlant qui devrait nous amener à réaliser l'urgence d'une réaction correspondante (positive) de notre part. Dans ce contexte bien particulier, il faut dire qu'*il n'existe pas d'idées au hasard*. Plusieurs personnes qui ont pourtant l'esprit d'entreprendre, hésitent d'aller plus loin dans leur réflexion parce qu'elles considèrent la limite de leurs moyens financiers. Je pense que ceci est l'une des conséquences de l'influence du modernisme dans la société en générale, laquelle tend à parfois mystifier le sens réel de l'entrepreneuriat, et ce, à travers l'image du **grand**, du **beau** et du **sophistiqué** qu'il (le modernisme) renvoie. Tout ceci est susceptible de constituer un véritable obstacle pour les débutants. Pourtant, cela ne devrait pas en faire l'objet d'un prétexte pour ne pas décoller ou oser. Comme nous l'avons précédemment souligné, tout commence par une idée avant d'arriver à tous ces artifices impressionnants. Pour ce faire, cela nécessite donc le fait de penser différemment, mieux, positivement sur ce qui nous anime ou sur ce que l'on aime. Robert William dit dans son livre "*The 80 Unavoidable Values of Life*" que les pensées positives créent une atmosphère dont on en tire un développement positif.

On peut ainsi comprendre le sens opposé de cette réalité.

J'aimerais vous inviter à observer avec moi ce que j'appelle "*la théorie des idées*" dans l'entrepreneuriat. En fait, il s'agit des idées mûries par différents acteurs de développement. Cela constitue une aide pour celles et ceux qui se trouvent dans une situation d'hésitation et de manque de foi en leur vision due à l'absence de moyens « *financiers* ». En effet, il existe plusieurs types d'acteurs de développement dans la vie.

a. L'entrepreneur qui a l'idée de créer son entreprise pour réponde de manière durable à un besoin présent dans le marché.
b. Le premier investisseur (un ange) qui a l'idée de soutenir moralement (expérience et sa connaissance) un entrepreneur qui s'inscrit dans sa logique.
c. Le deuxième investisseur qui a l'idée de soutenir matériellement (éléments tangibles) un entrepreneur dont l'idée s'inscrit dans la même logique.
d. Le troisième investisseur qui a l'idée de soutenir par le relationnel (professionnel, amical, voire familial) un entrepreneur qui a une idée allant dans le même sens.
e. Le quatrième investisseur qui a l'idée de soutenir financièrement un entrepreneur.
f. Le dernier investisseur qui a l'idée de soutenir à la fois matériellement et financièrement un entrepreneur.

Bien entendu, tout ne se passe pas toujours selon cet ordre chronologique, car les opportunités se présentent souvent sous différentes formes dans des circonstances tout à fait singulières. Cependant, dans tous les cas, l'entrepreneur fait toujours face à ces différents cas de figure selon le niveau de croissance de son entreprise. En fait, ce qu'il faut retenir ici, c'est qu'autant vous réfléchissez sur l'idée de création d'entreprise dans un domaine donne, autant il existe quelque part des personnes qui détiennent certains moyens nécessaires à la réalisation de votre idée, et qui n'attendent que vous les leur présentiez.

A la lumière de la réalité de cette théorie, l'on s'aperçoit bien que l'idée est finalement le dénominateur commun de tous ces acteurs cités en haut.

Il faut toujours avoir à l'esprit qu'une idée de prise d'initiative est d'abord et avant tout une semence plantée dans le sol de notre intelligence qui doit être arrosée par la réflexion et le travail afin de porter le fruit de la réussite et du succès aussi bien chez la personne qui l'a reçue que dans la société dans laquelle celle-ci évolue. Laurie Beth Jones dit dans son livre *JESUS CEO* " *Je ne sous-estime pas les petites choses, sachant que les petites semences contiennent le potentiel pour la beauté et la grandeur.*".

L'idée doit être développée afin d'apporter un changement. Autrement-dit, l'idée doit pousser à l'action.

2. Le projet

La planification de la mise en œuvre de l'idée reçue constitue l'étape suivante : l'action correspondante. L'action joue un rôle décisif dans la sphère de l'entrepreneuriat. Se limiter à stocker toute un ensemble d'idées dans son cerveau sans daigner entreprendre une quelconque action, serait une grossière négligence et erreur à ne pas du tout commettre lorsqu'on aspire à évoluer dans le domaine de la l'entrepreneuriat. En effet, cela nécessite du courage, de l'audace, et surtout de la détermination. N'oublions pas que l'idée est une semence plantée dans le sol du cerveau de l'homme (sa conscience). Cependant, si l'idée fait l'objet d'un oubli ou d'une négligence quelconque, elle (cette semence) sera susceptible de sombrer dans l'inconscient de ce dernier jusqu'à ce qu'il prenne à nouveau conscience de son existence. Généralement, ce souvenir (cette prise de conscience de l'existence d'une idée en sommeil) peut être causé par une situation de la vie, soit par le fait d'être confronté à une personne qui a mûri la même idée ou par un fait naturel qui nous la ramène à l'esprit tout simplement. Dans tous les cas, il est tout de même assez frustrant de voir une idée que l'on a reçue, être développée et matérialisée par quelqu'un d'autre qui aurait saisi l'opportunité que nous aurions laissé passer à cause d'une attitude de négligence ou de blocage mental.

Beaucoup de personnes ont laissé passer devant elles des idées révolutionnaires tant sur le plan politique, économique, culturel, religieux que social due à certains blocages mentaux. Ainsi, ces grandes idées se sont noyées dans l'inconscient de ces dernières.

De ce fait, il n'y a pas d'autre option que de méditer sur le bien-fondé de la très célèbre citation qui dit « *Les paroles s'envolent mais les écrits demeurent.* ».

Cela étant, la culture de prise de note devient un facteur de développement dans l'esprit entrepreneurial. Cette culture doit être fortement prise en considération. Une idée de prise d'initiative rédigée sous forme de plan est ce qu'on peut appeler, **un projet**. Il n'existe pas une forme ou un style de projet standard; tout est susceptible d'être amélioré, adapté, ajusté, et cela, en fonction des réalités ou des exigences du secteur d'activité dans lequel l'on envisage évoluer.

A mon avis, écrire une idée de prise d'initiative ou de création d'entreprise consiste dans un premier temps à rédiger toutes les idées qui nous passent dans la tête par rapport à une activité bien précise. Ainsi, toutes les idées énumérées vont permettre la formulation de l'idée générale qu'on peut appeler ici "**la vision**".

La vision est un mot capital dans le vocabulaire de l'entrepreneuriat. Elle constitue le fondement de l'action de l'entrepreneur. Il existe plusieurs définitions attribuées à ce concept (la vision), et bien entendu, cela varie selon la conception d'un entrepreneur à un autre. Cependant, si l'on doit relever un point commun, ce serait la notion de *"Destination finale"*, l'objectif ultime ou final de l'entrepreneur. En effet, il est important de savoir où l'on va (dans le future) pour déterminer notre attitude (dans le présent).

Bien entendu, après avoir identifié la destination où l'on aimerait aller, la question sur la démarche à entreprendre pour y aboutir se pose de façon naturelle.

Comment puis-je faire pour atteindre mon objectif final (ma vision)?

Considérons le diagramme suivant que j'appelle le principe **VOAR** :

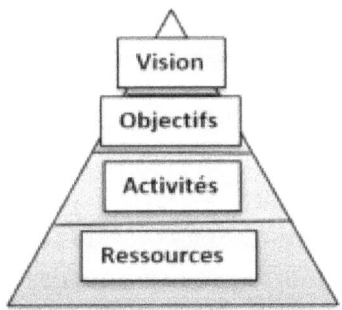

- *Vision*

La vision est la destination finale de l'entrepreneur. Elle est ce qui détermine la direction d'un visionnaire (l'entrepreneur). Elle constitue en elle-même la boussole par excellence de ce dernier. Lorsqu'on n'a pas une vision clairement définie de la destination où l'on souhaite s'y rendre, l'on s'expose systématiquement à un gâchis grossier des ressources qui sont à notre disposition. La vision permet de fixer les objectifs à atteindre pour son implémentation.

- *Objectifs*

Les objectifs sont les étapes définies dans le temps qui permettent d'aboutir à la destination finale qui est la vision (l'objectif ultime). On parle d'objectifs à court, moyens et long terme. En effet, ces objectifs constituent les différentes phases d'évolution, dans le processus de la matérialisation de la vision. Les objectifs permettent à l'entrepreneur de déterminer les activités à entreprendre.

- *Activités*

Les activités constituent les mouvements engagés pour passer d'une étape à une autre. Autrement-dit, les activités permettent l'atteinte des objectifs fixés. Les activités à entreprendre permettent à l'entrepreneur de déterminer les ressources à exploiter.

- *Ressources*

Les ressources sont les moyens qui permettent d'engager les mouvements nécessaires au passage des étapes pour atteindre la destination finale. En effet, les ressources permettent à l'entrepreneur d'engager les activités à entreprendre.

On constate ici qu'il y a une seule vision mais plusieurs objectifs, activités et ressources.

De plus, en disposant les idées de cette manière, l'on devrait pouvoir comprendre ce que j'appelle le "**PQC**" de votre entreprise. C'est à dire Pourquoi vous existez (besoin sur le marché) ? Qu'est-ce que vous apportez (solution ou réponse adéquate et innovante) ? Et comment est-ce que vous comptez vous prendre (approche ou méthode)?

Ces idées étant mises en écrit, constituent à ce niveau un bon point de départ pour le début d'une grande chose; ceci n'est que le préalable. Cependant, la suite s'avère être très exigeante, notamment lorsqu'il s'agit de la rédaction d'un *business plan*. Il va donc falloir entreprendre une étude approfondie sur les besoins réels de la cible visée (l'étude du marché). Il va également falloir se cultiver sur bien d'autres paramètres qui gravitent autour de l'activité que l'on veut lancer, à savoir les aspects juridique, managérial, marketing et financier pour ne citer que ceux-là.

Comme nous l'avons précédemment souligné, tout cela constitue les fondamentaux nécessaires à la bonne élaboration et rédaction d'un projet et d'un éventuel business plan. Cependant, je pense que tout début de création d'entreprise (commerciale ou sociale) ne se ressemble pas toujours. Certains commencent sans savoir même qu'ils ont créé une entreprise (activité informelle) tandis que d'autres démarrent de façon formelle en rédigeant tout simplement un business plan pour bénéficier d'un appui externe. Par ailleurs, d'autres évoluent par l'autofinancement sans pourtant user de business plan. Bref, il n'y a rien de standard à ce niveau, car le contexte diffère d'un cas à un autre. Toutefois, l'idée d'entreprise en reste le dénominateur commun.

3. L'entreprise

Mettre en œuvre une idée développée, voire un projet longuement étudié et mûri, est la phase ultime du processus de croissance "de la semence" que représente l'idée de prise d'initiative. Ici, il s'agit du lancement d'une entreprise. (On en parlera de façon plus détaillée devant.)

L'entrepreneur débutant doit savoir que gérer une structure (économique ou sociale) nécessite une pluralité d'aptitudes, de qualités et de connaissances liées à la spécificité de son activité. De façon plus générale, cela implique une prise en compte stricte de la notion d'apprentissage. En effet, un jour, au cours d'une conversation sur l'entrepreneuriat au Gabon avec un jeune entrepreneur plus expérimenté que moi, j'ai appris un principe fondamental dans ledit domaine, notamment le principe « *Apprendre, Comprendre* et *Entreprendre* ».

En fait, l'ordre chronologique de ces trois concepts a littéralement changé ma conception des choses en matière d'entrepreneuriat. J'ai donc mené une réflexion profonde la dessus, laquelle m'a permis d'aboutir à une conceptualisation que j'ai appelé la **Règle de trois**. Je me suis très vite aperçu du caractère universel de ce principe qui finalement s'avère même applicable dans tous les domaines de la vie ; la famille, l'école, le travail, la religion et bien d'autres.

Ainsi, le principe est simple: « *J'apprends, je comprends, et j'entreprends* ». Ce principe s'inscrit dans la même logique de la théorie du Docteur Myles Munroe : *l'Information, la compréhension et l'application*". En effet, on peut se rendre compte ici que le fond reste le même; « *je m'informe, je comprends, et j'applique* ».

En somme, entreprendre est donc un processus d'apprentissage, de compréhension et d'application.

Maintenant, j'aimerais m'appesantir un instant sur le mot "*apprendre*" qui joue un rôle déterminant dans le domaine de l'entrepreneuriat. Apprendre signifie le fait d'acquérir une connaissance ou un savoir-faire dans un domaine donné. Dans celui de l'entrepreneuriat, ce terme est assez présent dans le quotidien des entrepreneurs. Autrement-dit, "L'apprentissage" est l'une des caractéristiques intrinsèques essentielles d'un entrepreneur.

Il est important de souligner qu'il existe plusieurs formes d'apprentissage.

L'apprentissage par l'écoute (conversation, radio)

Chaque jour nos oreilles sont en contact avec de nombreuses informations provenant de diverses sources et cela de façon directe ou indirecte. La conversation, la radio (media) et autres supports audio (cassettes ou cd) constituent de véritables canaux d'apprentissage. Ainsi, se cultiver en recevant des informations liées au domaine d'activité dans lequel l'on envisage évoluer, contribue de manière considérable à notre apprentissage. Cette forme d'apprentissage peut être utilisée lorsqu'on est à bord d'un véhicule, au travail etc. Elle favorise également les personnes (entrepreneurs) en situation de handicap visuel.

- **L'apprentissage par la vue (média visuel)**

Nous sommes chaque jour en contact visuel avec nos proches, nos relations professionnelles, devant des écrans soit la télévision, l'ordinateur ou encore devant des supports écrits comme des magazines, des journaux ou des livres. Bref, nous avons la possibilité d'apprendre par tout type de moyens visuels ou écrits.

- **L'apprentissage par l'expérience**

Cette forme d'apprentissage reste la plus pratique et la plus importante dans un processus de formation compte tenu de la facilité d'acquisition de connaissance et d'expérience qui s'offre à l'apprenant (j'en parle de façon plus détaillée dans le chapitre trois). Un entrepreneur est un pratiquant; un homme ou une femme de terrain qui aime l'action en plus de l'imagination.

■ *L'apprentissage par le partage d'expérience*

Le partage d'expérience est une forme d'apprentissage dont l'effet s'avère réciproquement bénéfique, c'est à dire aussi bien pour la personne qui transmet la connaissance que pour celle qui la reçoit. Autrement-dit, partager son expérience est un rappel que l'on se fait à soi-même ; un souvenir que l'on ramène à notre conscience dans un contexte parfois nouveau mais comportant certains éléments similaires au contexte initial et donc qui est (le souvenir) susceptible d'apporter de nouvelles idées (Idées supplémentaires, voire complémentaires). Par ailleurs, le partage d'expérience reste une forme d'apprentissage assez directe et efficace pour le récepteur, car ici ce dernier est en contact direct avec les mots, le message, mieux les émotions du transmetteur. Cette forme d'apprentissage peut se faire lors d'une conversation entre un professeur et un élève ou étudiant, ou lors d'un forum entre un paneliste et un public.

En bref, toutes ces formes d'apprentissage sont des éléments à exploiter lorsqu'on a décidé de se lancer dans l'aventure de l'entrepreneuriat.

Pour revenir au sujet principal de cette partie, il est vrai qu'une entreprise est d'abord et avant tout une structure formelle ayant pour vocation une activité économique (entrepreneuriat économique) ou sociale (entrepreneuriat sociale). Cependant, son statut de personne morale ne doit pas nous quitter de l'esprit. En effet, l'entreprise peut aussi être perçue comme un bébé que l'on vient à peine de mettre au monde. Elle est comme un enfant qui a besoin de l'assistance de ses parents pour grandir. L'entreprise que l'on met sur pied a donc besoin de notre investissement pour assurer son développement. Ce dernier (développement) exige un investissement intellectuel, moral, financier, matériel et relationnel de la part de l'entrepreneur. Autrement-dit, l'entrepreneur doit être à même de se priver d'un certain nombre et types de passions susceptibles d'enfreindre aussi bien au fonctionnement qu'au développement de son entreprise. Il doit pouvoir continuer de s'instruire sur tout ce qui gravite autour de l'environnement de son activité. Il doit avoir certains principes et valeurs dans sa vie de personne désormais publique. Il doit pouvoir user de tout ce qu'il possède comme ressource pour les mettre au bénéfice de son activité de façon honnête, digne et juste.

Je pense que ce principe est une réalité universelle dans le domaine de l'entrepreneuriat ; que ce soit dans le cadre de l'entrepreneuriat économique ou dans celui de l'entrepreneuriat social; que l'on soit propriétaire d'une entreprise ou d'une structure associative, l'entreprise est un bébé que l'on a mis au monde qui doit nécessairement croître par l'assistance de son responsable.

L'entrepreneuriat étant un domaine très vaste et complexe, il est tout de même important de distinguer l'entrepreneuriat économique de l'entrepreneuriat social pour une meilleure appréhension du sujet. Ici, le statut juridique de ces deux types d'entrepreneuriat est l'élément déterminant.

L'entrepreneuriat économique

L'entrepreneuriat économique concerne toute organisation à but lucratif. Autrement-dit, il s'agit ici des entreprises en tant qu'organes économiques qui créent de la richesse. Ces entités économiques varient selon leurs formes, leurs tailles ou leurs secteurs d'activités. On parle soit d'Entreprise Individuelle(EI), de Petite Entreprise(PE), de Petite et Moyenne Entreprise(PME), de Petite et Moyenne Industrie (PMI) et de Grande Entreprise (société).

De façon beaucoup plus générale, dans le contexte de l'entrepreneuriat économique, les entreprises cherchent du profit et donc à accroître leur chiffre d'affaire pour assurer leurs multiples charges (taxes, impôts, salaires, loyers, électricité, remboursement auprès des banques etc.) et établir une stabilité financière durable, car sans profit (argent), il n'y a pas "d'entreprise".

Par ailleurs, l'entrepreneuriat économique a également une implication sociale compte tenu du fait que les entreprises embauchent des employés qui en deviennent salariés, ce qui contribue donc à lutter contre le chômage et à améliorer les conditions de vies de ces derniers.

L'entrepreneuriat social

L'entrepreneuriat social concerne les organisations à but non lucratif aussi appelées organisations de la société civile. Ce type d'entrepreneuriat implique les associations, les organisations non gouvernementales, les coopératives, les mutuelles etc.

Ces différents types de structures associatives œuvrent généralement dans le cadre du développement communautaire. En effet, elles interviennent dans des domaines assez variés tels que l'éducation, l'humanitaire, l'agriculture, la santé, le sport, la jeunesse, le divertissement, la culture, l'environnement et ce, afin de venir en aide aux groupes défavorisés à l'exemple des personnes économiquement faibles, les illettrés, les non scolarisés, les handicapés, les personnes du troisième âges, les femmes, les jeunes, les orphelins, les veuves, les sans-papiers, les sans-abris, les jeunes filles mères, les sinistrées, les réfugiées, les malades mentaux, les chômeurs et autres personnes en situation difficile). L'entrepreneuriat social constitue ainsi un véritable facteur de développement social de par le contact direct que les acteurs dudit domaine établissent avec les communautés concernées par leurs activités respectives. L'entreprise des activités socio-éducatives et culturelles en constituent des exemples assez traditionnels.

Dans le contexte de l'entrepreneuriat social, les organisations recherchent beaucoup plus l'impact social sur les communautés locales que le profit sur l'économie locale. Cependant, il importe de souligner que ces derniers contribuent également à l'éducation, l'insertion et réinsertion professionnelles des concitoyens (nécessiteux), et par conséquent à la lutte contre la pauvreté et le chômage en créant des emplois directes ou indirectes (main d'œuvre permanente et non permanente), c'est-à-dire soit des salariés ou des bénévoles utiles pour l'accomplissement des leurs missions.

II. L'État et l'entrepreneuriat

De nos jours, l'entrepreneuriat constitue une réponse efficace et durable aux problèmes de la pauvreté, du chômage et de la précarité des populations. Les entrepreneurs représentent ainsi pour ces dernières (populations) de véritables acteurs du changement et porteurs d'espoir de par leur capacité à apporter des opportunités de création d'emplois, de richesses et d'amélioration de conditions de vie.

Si les entrepreneurs (économiques et sociaux) arrivent à influencer de manière significative le coût de la vie en société, cela est aussi en grande partie dû à l'écosystème mise en place par l'État.

1. Le secteur public et le secteur privé

De façon générale, l'État a la responsabilité d'assurer le bien-être des populations en matière d'éducation, de santé, de sécurité, d'emploi etc. Pour ce qui est de l'éducation (l'objet de notre intérêt ici), l'État a le devoir de créer un environnement éducatif accessible à tous ses citoyens, de mettre en place des mécanismes favorisant l'insertion professionnelle des jeunes diplômés, et d'établir un système de retraite en résonnance au coût de vie de la société.

L'État qui ici représente le secteur public, a également le rôle de coopérer avec le secteur privé y compris la société civile pour mettre en œuvre sa politique dans les domaines cités plus haut. En effet, le secteur privé qui est constitué des entreprises privées, des banques privées, et des organisations de la société civile (OSC) qui incluent les organisations non-gouvernementales, des coopératives, des associations, des syndicats, des mutuelles et autres, apportent leur expertise dans les domaines de la technologie, de la formation, de la gestion, de la comptabilité, du conseil, de l'énergie, du réseautage, de la communication, et dans bien d'autres et cela, afin de donner effet à la politique de développement du gouvernement (de l'État), d'où l'intérêt du PPP (partenariat public privé). Ici, l'entrepreneuriat trouve tout son sens. Il faut qu'il y ait des entrepreneurs pour apporter des solutions et des réponses durables aux besoins exprimés sur le marché, lesquelles constituent de suggestions et propositions soumises à l'État pour des possibilités de coopération. Ainsi, l'État crée le cadre juridique, réglementaire et fiscal, et fixe la politique de développement (cela diffère d'un pays à un autre) et le secteur privé (les entreprises économiques et sociales) apporte des propositions d'initiatives techniques par l'entremise des entrepreneurs.

L'on s'aperçoit très vite que l'entrepreneur joue un rôle capital lorsqu'il s'agit du développement social et économique d'un pays. Autrement-dit, sans entrepreneur il n'y a pas de développement.

Ainsi, l'État doit d'avantage s'investir dans la promotion de la culture de l'entrepreneuriat en créant un écosystème favorable à la création, au développement et à l'expansion des entreprises économiques et sociales.

Dans le contexte actuel en Afrique, les états encouragent de plus en plus l'entrepreneuriat coopératif.

Par exemple, le 22 Décembre 2014, la Direction de la Communication de la Présidence de la République Gabonaise avait passé un communiqué présentant le lancement du programme GRAINE (La Gabonaise des Réalisations Agricoles et des Initiatives des Nationaux Engagés), une initiative de développement socio-économique impulsée par le Président de la République Ali Bongo Ondimba. L'objectif de cette initiative louable consistait à mettre en exploitation « plus de 200.000 ha sur 5 ans, tracé de 3000 km de pistes d'accès aux plantations, quelque 1600 villages intégrés au plan des infrastructures de base, 30.000 familles volontaires pour le travail en coopératives. »[3].

Cette politique a trouvé un écho favorable chez les populations qui n'ont pas tardé à se constituer en coopératives pour s'engager à améliorer leur condition de vie. Aujourd'hui on parle de l'entrepreneuriat agricole et il se crée de plus en plus de coopératives agricoles à travers le pays. Cela a donc favorisé le développement de l'entrepreneuriat coopératif et redynamisé l'entrepreneuriat social et communautaire.

En effet, l'État doit donc mettre en place un écosystème favorable à l'entrepreneuriat pour mieux atteindre ses objectifs.

Cet écosystème doit être constitué d'une politique d'équité et de justice par le gouvernement. Il doit également comporter un système éducatif compétitif et incitatif à la culture de création d'entreprise ; un cadre juridique, réglementaire et fiscal souple et encourageant la création et le développement des entreprises et des structures associatives ; un cadre technologique moderne, compétitif et adapté aux réalités locales ; un système communicationnel efficace et accessible à toutes les classes de la société et particulièrement des groupes défavorisés, et un système de réseautage aussi bien local qu'international axé sur l'appui au développement des entreprises économiques et sociales par des incubateurs et accélérateurs au travers du mentorat, de l'encadrement, de la formation, des financements, des subventions, des prêts et bien d'autres formes d'assistance.

A mon humble avis, tout développement passe par ce fondement (l'écosystème mis place). En effet, un écosystème se définit comme étant un ensemble formé par une association ou une communauté d'êtres vivants et de son environnement. Dans le contexte de notre sujet ici (l'entrepreneuriat), l'écosystème représente un ensemble d'éléments mis en place par l'État dans un cadre fonctionnel bien précis en vue du développement d'un secteur donné.

Cela étant, un écosystème bien conçu et bien établi qui favorise une coopération fluide entre le secteur public et le secteur privé y compris les organisations de la société civile, contribue à accélérer le développement d'un pays sous-développé ou en voie de développement. Ici, l'État détient en grande partie la responsabilité de la création d'un tel écosystème (celui présenté plus haut).

2. L'individu et l'État

Le secteur public repose sur des institutions établies par des individus et le secteur privé, sur des entreprises économiques et sociales créées également par des individus. Ainsi, l'individu se trouve au centre de tout.

Le diagramme ci-dessous illustre cette réalité:

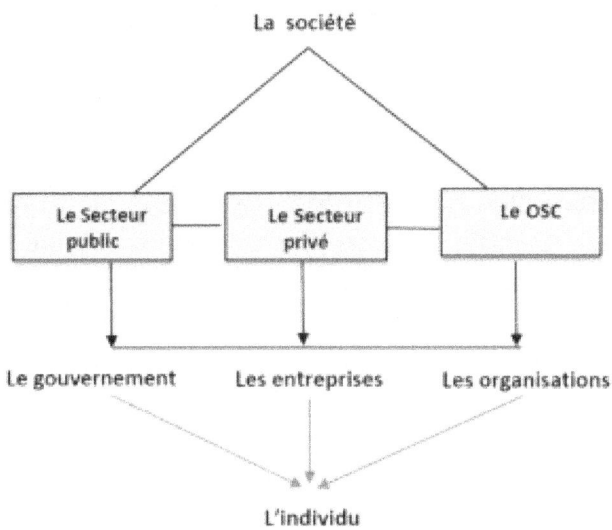

Aujourd'hui, de nombreuses personnes, voire de milliers à travers le monde bénéficiant de l'assistance de l'État au travers des services publics (accès à l'éducation, à la santé, à l'emploi, au logement, au transport, à la formation etc.), ont pour la plupart, fini par développer une habitude de dépendance qui s'est avérée être un véritable facteur de sous-développement. En effet, le fait d'attendre tout du gouvernement sans pourtant daigner prendre des initiatives personnelles qui viseraient à contribuer à améliorer son quotidien, a toujours été une attitude hostile au développement. Une chose est claire, *l'État ne peut pas répondre de façon parfaite aux besoins de tout le monde bien que cela reste sa mission première*. Mais la réalité est belle et bien sous nos yeux. Que faire alors ? Le président John Kennedy disait " *ne demande pas ce que ton pays peut faire pour toi, mais demande-toi ce que tu peux faire pour ton pays*".

Etant confronté aujourd'hui à la crise économique qui secoue le monde entier et qui cause une hausse du taux de chômage assez inquiétante chez les jeunes dans le monde en général et en Afrique en particulier, les gouvernements peinent à atteindre leurs objectifs, mieux, à satisfaire la demande d'une population qui devient de plus en plus exigeante et impatiente (ce qui est tout à fait légitime).

Parmi les multiples mécanismes d'insertion professionnelle mise en place par l'État, la collaboration avec le secteur privé constitue un moyen assez stratégique dans la facilitation de l'atteinte de ses objectifs. En effet, les opérateurs économiques qui créent l'emploi, permettent donc de lutter efficacement contre le phénomène de la pauvreté et l'oisiveté des jeunes. Il est à souligner que les autres acteurs du secteur des organisations de la société civile tels que les coopératives agricoles, les ONG, les mutuelles et les associations jouent également un rôle important dans la facilitation du développement socio-économique d'un pays. Le secteur privé représente ainsi un maillon capital dans le développement d'un pays. Il est une extension du public. Tout ceci n'est possible que s'il y a création d'entreprise, et pour que les entreprises soient créées, il faut que les gens aient le courage d'y prendre le risque. Une fois de plus, *l'individu apparaît être au centre de tout*.

Pour atteindre ses objectifs de manière efficiente, l'État a donc besoin de personnes volontaires et déterminées à prendre des initiatives de développement socio-économique. Autrement-dit, l'État a besoin d'entrepreneurs ; des personnes qui créent des structures dans différents domaines d'activité afin de créer des richesses et de l'emploi, et de contribuer à l'éducation, à la formation et à la réinsertion sociale des compatriotes et particulièrement des groupes défavorisés.

De nos jours beaucoup de pays en voie de développement en Afrique font face à de nombreuses situations sociales assez inquiétantes, à l'exemple de la hausse du chômage. Un article de Kingsley Ighobor dit que selon la Banque mondiale, les jeunes représentent 60 % de l'ensemble des chômeurs africains. En Afrique du Nord, le taux de chômage des jeunes est de 25 %, mais ce taux est encore plus élevé au Botswana, en République du Congo, au Sénégal et en Afrique du Sud, entre autres pays. Avec 200 millions d'habitants âgés de 15 à 24 ans, l'Afrique compte le plus de jeunes au monde. Dans la plupart des pays africains, le chômage des jeunes « est au moins deux fois supérieur à celui des adultes », souligne la BAD[4].

De nos jours, l'État se trouve face à une population constituée de nombreux citoyens sans éducation, sans qualification, sans emplois, sans abris etc. Ces différents groupes de personnes vivent des réalités à la fois différentes et similaires ; des réalités différentes parce que les contextes ne sont pas nécessairement les mêmes, et similaires parce que le résultat final s'avère être le même : *l'incapacité de pourvoir à ses propres besoins*. Parmi ces groupes de personnes nous avons les jeunes diplômes, les non scolarisés, les anciens actifs, les personnes handicapées, les retraitées, les femmes et les communautés immigrantes.

■ *Les jeunes diplômés*

Les jeunes diplômés sont ceux-là qui ont fini leur cursus universitaire, et qui se trouvent en situation de demandeur d'emploi. En effet, après avoir été formé dans une spécialité donnée, la logique qui s'en suit est la recherche d'un emploi pour faire valoir ses acquis et d'obtenir une source de revenu fixe, laquelle assure une certaine « autonomie » chez la personne concernée. Cependant, lorsque l'emploi s'avère être inaccessible aussi bien dans le public que dans le privé, le ou la jeune diplômé(e) rentre ainsi dans une situation de chômage susceptible de s'avérer chronique dans le temps. Cette situation plonge très souvent les personnes qui en sont victimes, dans un état de stress, de dépression, d'anxiété, de peur, et de panique, bref la liste est longue. Plusieurs facteurs (externes et internes) interviennent dans une telle condition. Par exemple, le regard des autres, l'âge qui avance, le manque de finance, le manque d'assistance etc.

Que faire dans une telle circonstance, surtout lorsqu'on a mis son espoir en une aide externe incertaine?

- **Les non-scolarisés**

Les non-scolarisés sont généralement des personnes sans qualifications particulières et issues des groupes défavorisés et plus précisément des familles pauvres et n'ayant pas de ressources pour financer les études de leurs progénitures. Les personnes non-scolarisées aussi appelées « illettrés » ont pour la plupart grandi dans un contexte de marginalisation sociale, et donc de complexe d'infériorité permanent vis à vis des personnes instruites. Ce fait a contribué à creuser des inégalités et des discriminations extrêmes, et parfois inhumaines dans certaines sociétés africaines. Un fait qui échappe très souvent à l'esprit lorsqu'il s'agit d'une telle communauté, est que ces derniers n'ont pas demandé à venir au monde dans de telles circonstances (précarité, pauvreté etc.).

Ainsi, plusieurs parmi eux s'adonnent à la délinquance, à la prostitution, au vol et à bien d'autres activités du genre. Cependant, certains sortent du lot en s'efforçant à mener des activités commerciales informelles pour subvenir à leurs besoins.

Que faire dans une telle situation chez celle et celui dont l'espoir a quitté le cœur et dont la vie n'a plus aucun sens puisque n'ayant pas la « possibilité » de réussir selon la réalité en face?

- **L'ancien actif ou travailleur**

La situation est encore plus pénible pour ceux qui ont déjà été actifs ; toutes celles et ceux qui ont joui du fruit de leur labeur pendant un bon bout de temps et qui, pour de raisons de crises économiques ou autres, se sont vus revenir à la case départ. Il est assez difficile de se trouver dans une telle condition, et surtout lorsque l'on n'a pas été soucieux d'investir. Que faire dans une telle situation?

■ *Les personnes handicapées*

Les personnes handicapées font très souvent l'objet de discrimi-nation sociale flagrante dû à leur condition physique dans bon nombre de sociétés africaines. On peut presque dire que deux sur trois sont au moins confrontées à cette réalité. Pourtant, parmi ces dernières (personnes), il y a des diplômées qui peinent à avoir de l'emploi et des non-scolarisés qui ont du mal à s'en sortir. Cette vulnérabilité sociale constitue ainsi un véritable problème qui peut s'avérer assez critique dans le temps si rien n'est fait en faveur de ces concitoyens. Cependant, plusieurs parmi eux, mû-rissent des idées, voire des projets visant non seulement l'amé-lioration de leur condition de vie, mais aussi celle des autres (la communauté). Comment encourager de telles initiatives ?

■ *Les personnes retraitées*

Les personnes retraitées ont été au préalable des personnes ac-tives et donc habituées à un certain rythme professionnel et à diverses réalités socio-professionnelles, chacune selon son sec-teur d'activité. Parmi les personnes en situation de retraite, on retrouve certaines qui ont pu investir pour mieux préparer leur retraite, et d'autres qui pour diverses raisons n'ont pas pu le faire malheureusement. En effet, pour le cas de ces derniers, c'est à dire celles et ceux qui n'ont pas pu investir, et qui sont encore en bonne santé physique et intellectuel, l'idée d'une prise d'initiative à but lucratif s'impose naturellement. Par ailleurs, il y a également plusieurs anciens travailleurs qui ont toujours nourrit des ambitions entrepreneuriales, et qui pour des raisons professionnelles n'ont jamais pu y consacrer un temps et un in-vestissement conséquents. Déjà à la retraite, l'opportunité de le faire s'offre de façon naturelle à ces derniers bien qu'à ce stade de la vie, certaines réalités physiques s'imposent à eux. Toutefois, lorsqu'on n'a pas le choix et qu'on y met de la volonté, on finit assurément par y arriver. Comment encourager et motiver de telles personnes?

■ *Les retraités précoces*

J'entends ici par retraites précoces toutes celles et ceux qui ont été précipités (es) à la retraite pour des raisons professionnelles. Ceci est assez habituel dans le contexte de l'armée là où certains agents (militaires) se voient être mis à la retraite pour n'avoir pas accédé à un certain grade à parti d'un certain âge. Ceci s'avère être très dur pour la personne soumise à une telle condition, et surtout lorsque cette dernière n'a pas nourri la pensée d'investir de manière prévoyante et responsable. Pour avoir eu un oncle se trouvant dans une telle circonstance, je peux confirmer le caractère pénible et terrible de cette épreuve. On revient brusquement, voire brutalement à la case départ, c'est-à-dire au chômage. Que faire dans une telle situation?

■ *Les femmes*

Lorsque la pauvreté et le chômage sévissent dans un pays, je pense que les femmes restent l'un des groupes de la population le plus vulnérable et le plus exposé aux pratiques illicites à des fins lucratives. En effet, plusieurs d'entre-elles s'adonnent à la prostitution et à bien d'autres pratiques du genre pour subvenir à leurs nombreux besoins. Par ailleurs, l'inactivité et l'oisiveté plongent beaucoup d'autres, en l'occurrence les plus jeunes dans des activités sexuelles précoces, ce qui favorise le phénomène de grossesses précoces. On parle communément dans ce contexte de « *jeunes filles mères* ». Pourtant les femmes disposent d'un potentiel de créativité impressionnant qui ne demande qu'à être développé et valorisé.

Comment faire pour briser ce miroir péjoratif que nous renvoie la société actuelle pour que l'image de la valeur réelle de la femme soit considérablement restaurée?

■ *Les communautés immigrantes*

Par extension, il est important de souligner la présence des communautés immigrantes qui font également partie intégrante de la société. Certaines parmi elles ont bénéficié d'une nationalisation soit pour des raisons de mariage ou pour des raisons géographiques et d'ancienneté. Ce qu'il faut également souligner est que beaucoup ont dû quitter leurs pays d'origine pour diverses raisons telles que la guerre, la famine, les études, l'emploi, le commerce, la religion, le mariage, l'aventure et bien d'autres. Dans ces communautés, naissent de nombreux enfants qui parfois sont difficilement scolarisés, et qui pour la plupart finissent par se lancer dans des activités illégales pour survivre. Ainsi, une fois de plus, la prostitution, la délinquance, le vol, le trafic humain, la mendicité sont autant de maux qui minent les communautés immigrantes. Cependant, il y en a quelques-uns qui s'adonnent plutôt à des activités nobles pour s'en sortir tels que les travaux domestiques et le commerce. Comment est-ce que ces derniers peuvent-ils inciter leurs confrères à entreprendre dans un cadre noble et légal pour une prospérité commune?

Pour ma part, il sied d'admettre que l'État ne peut pas couvrir de façon parfaite les nombreux besoins de la population. Cependant, ce dernier doit créer un cadre favorable à une coopération avec le secteur privé et celui des OSC par le biais des entreprises économiques et des entreprises sociales, laquelle (la coopération) viserait à amener les communautés à s'impliquer activement et à contribuer durablement à l'amélioration de leurs propres conditions de vie. Autrement-dit, l'État doit aider le citoyen à se considérer premièrement comme l'acteur principal de son développement avant de se tourner vers une aide extérieure précaire.

S'il doit avoir changement, cela nécessite alors une implication réelle et forte de la part de la personne en situation vulnérable. Cela veut ainsi dire que *l'individu doit pouvoir compter sur lui premièrement avant de s'attendre à une assistance externe provenant soit du gouvernement ou d'un service privé*. Cela nous amène tout simplement à la problématique liée à la culture. (Nous en parlerons devant.)

Pour revenir sur toutes les questions posées pour chacun des groupes listés avant, la réponse la plus proche de la réalité à mon sens, reste *la voie de l'aventure de l'entrepreneuriat* c'est-à-dire l'initiative personnelle. Cependant, l'idée de recherche d'emploi pour certains n'est pas à écarter catégoriquement.

Je présume qu'en lisant cette partie vous vous demandez si tout le monde est finalement condamné à devenir entrepreneur. En fait, ici il ne s'agit pas en tant que tel d'amener tout le monde à devenir entrepreneur, car en réalité *nous le sommes tous potentiellement* d'une manière ou d'une autre (sans tenir compte du contexte du modernisme comme je l'ai expliqué bien avant). Par contre, il est question ici pour moi d'amener le lecteur à prendre conscience qu'il est d'abord et avant tout le premier acteur de son développement, et qu'il ne devrait pas placer son espoir de façon absolue sur une assistance qui de plus en plus s'avère incertaine, aléatoire, injuste et imparfaite. Cela devrait l'amener à commencer à réfléchir sur ce qu'il doit faire pour réussir de façon honnête, digne et juste. Cette prise de conscience le conduit inévitablement à la culture de la prise d'initiative.

III.   La culture de l'entrepreneuriat

Pour favoriser la création d'emploi, pour lutter effacement et durablement contre la pauvreté, contre les inégalités sociales, contre le chômage, contre l'oisiveté des jeunes et des plus âgés (car aujourd'hui tout le monde subit les effets de ces phénomènes sociaux), il faut qu'il y ait de plus en plus d'entrepreneurs. Cela nécessite donc une éducation incitative à la culture de l'entrepreneuriat aussi bien en milieu familial, qu'en milieu scolaire et sociétal. Pour y arriver, à mon sens, la culture de l'autonomie (l'indépendance) constitue le fondement par excellence.

1. La culture de l'autonomie

D'entrée de jeu, il est important de définir le concept de la culture.

- *La culture*

La culture est un ensemble de valeurs, de pratiques et d'habitudes que l'on retrouve dans une communauté donnée. En clair, elle est le reflet d'une diversité d'influences exercées dans la vie d'un individu évoluant dans un environnement bien spécifique. L'environnement ici peut être physique ou virtuel. En effet, il peut être géographique, éducatif, professionnel, politique, institutionnel, religieux, artistique etc. Ainsi, quel que soit le contexte, chaque environnement (domaine d'activité) comporte un certain nombre de valeurs, pratiques et d'habitudes qui lui sont propres.

La culture est également le reflet de la mentalité prédominante que l'on trouve également dans un domaine donné. Il est assez habituel d'entendre par exemple des expressions telles que culture d'hospitalité, la culture d'épargne,   la culture de consommation, la culture d'entreprise, mais aussi la culture musicale, la culture littéraire, la culture touristique, la culture politique, la culture agricole, on pourrait en citer encore plus.

Cependant, l'objet de notre intérêt ici porte sur la culture liée au domaine de l'entrepreneuriat que l'on peut aussi appeler la culture entrepreneuriale de façon générale et simple.

- *L'autonomie*

Les services publics liés à l'éducation, la santé, le logement, le transport, l'emploi, l'eau, l'électricité et à bien d'autres secteurs, sont une assistance de l'État destinée aux citoyens. Tout citoyen, quel que soit son statut social, a droit à chacun de ces services publics avant de faire recours à ceux fournis par le secteur privé et celui des OSC. Cependant, comme je le disais précédemment, la dépendance à l'assistance externe qu'on peut aussi appeler l'*assistanat*, en l'occurrence celui fourni par l'État, constitue un véritable facteur de sous-développement pour la société.

En fait, cette habitude de dépendance envers l'État mène à cours, moyen et long terme à l'improductivité, au manque d'initiatives de développement socio-économique du pays, et pire, à la pauvreté. L'on peut bien constater que cette dernière plonge la personne qui en est victime dans une sorte de culture de paresse et de passivité. ***On attend tout du gouvernement***. Le citoyen devient donc spectateur et non acteur de développement, et cela, non seulement dans sa propre vie mais aussi dans le milieu dans lequel il évolue. (Sa communauté, son lieu de travail, la société). De plus, une telle mentalité cultivée par plusieurs personnes dans une société ne pourra que susciter de l'hostilité à toute initiative de développement innovante.

Cette espèce de manque d'autonomie crée et maintien des habitudes de dépendance et de pauvreté qui s'avèrent parfois multidimensionnelles. Une population en proie à une telle condition ne pourra jamais voir de grand progrès dans la satisfaction de ses attentes, d'où l'urgence d'une solution efficace et durable à ce problème. Cela étant, une culture de prise d'initiative allant dans le sens de l'indépendance s'impose à tout citoyen soucieux de son avenir. ***L'entrepreneuriat s'avère être la réponse la plus raisonnable et la plus adéquate***.

En cette ère de la mondialisation où le monde subit des multiples changements tant sur le plan économique que sur le plan politique. Il est désormais nécessaire que chaque citoyen s'imprègnent du fond de la très célèbre pensée du président John Kennedy, « *Ne demandez pas ce que votre pays peut faire pour vous. Demandez ce que vous pouvez faire pour votre pays.*».

Si chaque citoyen se met à réfléchir sur ce qu'il doit faire pour être autonome financièrement de façon honnête, digne et juste, je pense que le pays tout entier connaîtra un bouleversement économique durable et une stabilité sociale exemplaire. Il s'agit d'un changement de mentalité suivi d'une prise d'initiatives en dépit des multiples obstacles en présence. Cela nécessite donc toute une éducation entrepreneuriale à engager où le besoin se fait ressentir. Ainsi, les différents acteurs de l'éducation et particulièrement les familles, les écoles et les universités doivent d'avantage sensibiliser, éduquer, enseigner et encadrer les jeunes dans la voie de la prise d'initiative afin d'inculquer cette culture de l'entrepreneuriat dans tout le pays. L'éducation entrepreneuriale est donc une arme assez efficace pour la lutte contre le sous-développement, la pauvreté, la précarité, le chômage dans la société. Nelson Mandela disait « *L'éducation est l'arme la plus puissante que vous pouvez utiliser pour changer le monde*». Mais pour que cela soit effectif, **l'individu doit lui-même prendre son destin en main**.

Témoignage :

Un jour, je mangeais avec des amis dans un restaurant Sénégalais. Quelques minutes plus tard, deux autres personnes (d'origine sénégalaise) se sont joint à nous. Nous discutions ce jour-là sur des sujets de société (politique, économique et social) dans le contexte du Sénégal. En abordant la question de l'emploi et du chômage, l'un de ces compagnons sénégalais s'est mis à nous raconter son expérience pour soutenir l'idée de l'auto-emploi. En effet, ce monsieur nous disait qu'après avoir fini ses études universitaires dans le domaine du Droit à Dakar, il s'était mis à la recherche d'un emploi. Cependant, n'ayant pas trouvé de boulot, il s'était dirigé désespéramment chez son oncle, lequel occupait un poste assez important dans une administration de la place en ce temps-là. Après lui avoir présenté sa situation, celui-ci va lui faire une suggestion en lui recommandant d'aller faire une formation en logistique pour avoir la possibilité d'intégration, car il y avait selon ses dires, « *un besoin dans l'administration en matière de personne formée en logistique*». Notre compagnon alla donc suivre une formation de deux ans en Logistique. Malheureusement pour lui, l'année à laquelle sa formation prit fin, fut la même année à laquelle son oncle fut remplacé par une autre personnalité de cette administration. Celui-ci alla voir un autre de ses oncles qui étrangement lui fit une suggestion similaire à celle faite par le premier oncle. Il comprit aussitôt qu'il ne pouvait plus céder au caprice de « *cette nouvelle tendance* ». Ainsi, il décida de se lancer dans l'aventure de l'entrepreneuriat. Aujourd'hui, ce monsieur est marié et vit au Gabon. Il prend soin de sa famille grâce à ses nombreux business parmi lesquelles un cyber café.

Cette histoire nous permet de comprendre que l'individu est le principal acteur de son développement.

2. L'individu, acteur principal du développement

Le sujet de l'autonomisation de la population dans la société doit placer l'individu au centre du débat, car lorsqu'il s'agit de développement, tout est censé être fait par l'individu et pour l'individu dans un sens global. Il s'agit de l'autonomisation de l'individu, et pour y arriver, l'accent doit être essentiellement porté sur lui. Un investissement personnel et une politique gouvernementale incitant au développement du capital humain doivent constituer les éléments fondamentaux et indispensables au succès de cette noble ambition (l'autonomisation de l'individu).

■ *La volonté*

Dans ce combat, il est tout à fait logique que sans le concours de l'individu lui-même, aucune réelle victoire n'est envisageable. De nos jours, plusieurs facteurs culturels expliquent pourquoi dans certaines sociétés africaines, le taux de chômage ne cesse de s'accroître, et donc pourquoi, la précarité des populations ne cesse de s'intensifier. La négligence, la nonchalance et surtout la paresse par exemple, sont autant de traits culturels qui plongent beaucoup dans une extrême passivité face à leur avenir. Ce qui amène régulièrement ces derniers à tout mettre sur le dos de l'État sans pourtant commettre une quelconque véritable implication en vue de l'amélioration de leurs propres conditions de vie. A première vue, cela peut sembler trop demander à la population (aux individus), mais à la réflexion, l'on peut bien se rendre compte qu'en définitive, si l'individu lui-même ne s'engage pas à contribuer à sa réussite sociale, ce dernier sera toujours à la merci des nombreuses insuffisances de l'État, et donc, toujours en proie à la médisance, l'amertume, la dépression, la critique etc. Le grand danger et d'ailleurs le cris d'alarme que je sonne ici, est qu'il est tant que *l'individu réalise qu'il est d'abord et avant tout le premier partenaire de l'État en matière de développement et qu'il a des droits et des devoirs envers l'État et vice versa.*

Ainsi, pour arriver à changer de mentalité, mieux à adopter une mentalité de développement, une volonté de fer individuelle s'impose.

On dit souvent que vouloir c'est pouvoir. Autrement dit, lorsqu'on veut, on peut. L'individu doit donc « vouloir » être l'acteur principal de l'amélioration de sa condition sociale. Les Saintes Ecritures dans la bible nous disent "*la bonne volonté, quand elle existe, est agréable en raison de ce qu'elle peut avoir à sa disposition et non de ce qu'elle n'a pas*".

Ici, la volonté nous est présentée comme une disposition d'esprit qui nous amène à user de ce que nous avons ou pouvons avoir comme ressource disponible pour manifester notre volonté à agir. Lorsqu'on a la volonté de réussir, les excuses, les justifications pour ne pas dire les prétextes n'ont plus raison d'être. Si je veux réussir, je dois me donner les moyens de le faire; je dois me rendre disponible à tous les niveaux pour atteindre mon objectif de façon honnête et digne. Une bonne partie de la solution doit pouvoir sortir de moi avant de faire recours à l'aide de l'autre.

Voici présentée en quelques mots, l'expression d'une véritable volonté de développement individuel. L'expression de la volonté se traduit par une responsabilisation de soi.

■ *Le sens de la responsabilité*

Pour ma part, le sens de la responsabilité ne s'acquière ni sur le banc de l'école ni sur le fauteuil d'un bureau si aucun effort personnel n'est fourni. La responsabilité est d'abord et avant tout une qualité intrinsèque qui se développe dans le temps, et mieux, qui se travaille d'abord à petite échelle.

Ainsi, que l'on soit dans le cadre religieux, familial, communautaire ou professionnel, l'on peut s'autoévaluer en matière de sens de responsabilité. En effet, le fait d'entreprendre de simples et "petites" actions responsables selon l'ordre des valeurs du concept "*Happiness portfolio*" du conservateur américain Arthur C. Brooks, qui valorise les notions telles que la *foi*, la *famille*, la *communauté* et le *travail*[5], contribue à développer des réflexes propres à l'esprit de responsabilité.

La responsabilité est définie comme étant l'obligation de répondre de ses actions ou de celles de ceux qui sont sous notre direction.

Dans un sens plus proche de la sphère de l'entrepreneuriat, la responsabilité peut être perçue comme l'habilité de répondre face à une situation donnée. Autrement dit, c'est la capacité d'agir en réponse à une circonstance présente. Ceci étant, on comprend tout simplement que les notions d'aide, d'assistance, de soutien, ou d'appui ici, se placent systématiquement en second plan. Ici, c'est *l'individu qui affronte sa réalité au premier abord*.

Cependant, il est habituel de constater comment l'homme se donne facilement à l'exercice des excuses pour ne pas prendre ses responsabilités face à certaines circonstances de la vie.

Le sens de la responsabilité amène l'individu à s'investir pour son développement personnel. Le sens de la responsabilité n'amène pas l'individu à l'égocentrisme, bien au contraire, il suscite l'estime de soi et la confiance en soi pour mieux confronter l'adversité, le risque, la concurrence, la peur, la pression etc. Le sens de la responsabilité amène l'individu à la réflexion et à l'action. Le sens de la responsabilité suscite en l'individu l'esprit de prise d'initiative, autrement dit, il éveille l'esprit d'entreprendre.

■ *La prise d'initiative à petite échelle*

Comme je l'ai dit bien avant, le modernisme a contribué à apporter de nombreuses choses positives dans le monde à l'exemple du progrès technologique qui est une chose assez noble. Cependant, on peut bien constater que le modernisme a également créé de manière subtile une certaine culture de complexe qui s'avère de plus en plus hostile à l'idée de prise d'initiative chez beaucoup de personnes en Afrique, et ce, à cause de l'image que renvoient le sophistiqué, le moderne, le numérique, l'industriel et j'en passe.

En fait, lorsqu'on analyse ledit concept (modernisme) qui se définit comme étant une tendance à se détacher de la tradition pour adopter des idées modernes, on peut bien se rendre compte avec un peu plus de recul que le fond de cette tendance culturelle mondiale amène finalement les gens à plus s'attacher à ce qui est artificiel, voire superficiel, et donc, qui amène les gens à ne plus s'habituer à ce qui est simple et naturel. Ce que je veux dire ici dans le contexte de l'entrepreneuriat, c'est que le modernisme a tendance à présenter les choses de manière complexe, extraordinaire et sophistiquée alors qu'en réalité elles ne sont que le fruit d'une simple imagination.

En effet, cette image que nous présente la société actuelle constitue d'une manière ou d'une autre un énorme défi à l'idée de prise d'initiative à petite échelle pour les personnes ayant déjà l'esprit d'entreprendre en elles.

Beaucoup se disent qu'ils n'ont pas de moyens pour commencer une activité, d'autres n'osent même pas du tout en mûrir l'idée à cause de cette géante montagne. Généralement on entend dire "C'est trop grand! Comment est-ce que je vais y arriver? Je n'ai même pas ceci, je n'ai même pas cela!". Cependant, il y en a quelques-uns qui sortent du lot, et qui franchissent cette barrière par le biais de l'audace : on les appelle *les entrepreneurs*.

CHAPITRE II

Contexte général de l'approche CIDC

Dans ce chapitre, je situe le contexte dans lequel s'inscrit l'approche CIDC.

J'aborde les points suivants :

1. La présentation globale de l'état actuel de la société mondiale en cette ère de la mondialisation.
2. L'émergence d'un phénomène social nouveau causé par les effets néfastes de la mondialisation.

I. Contexte général de l'approche CIDC

L'idée de la conception de l'approche CIDC émane d'un constat sociologique fait sur l'état actuel de la société mondiale. Ce constat met en évidence l'existence d'un phénomène social problématique à la question du développement socio-économique en Afrique, à savoir la crise identitaire culturelle et sociale chez l'individu

Aujourd'hui, le monde subit de plus en plus les effets de cette maladie sociale qu'est la crise identitaire. Alors que le monde cherche à résoudre durablement les problèmes liés au chômage des jeunes, à la précarité et la pauvreté des populations par le biais de l'entrepreneuriat, le phénomène quant à lui ne cesse de prendre de l'ampleur. Il est entretenu par l'influence de certains acteurs de la société, y compris l'individu lui-même. (Le paradoxe)

1. Le monde actuel

De nos jours, le monde subit de profonds changements multisectoriels dont les effets n'épargnent aucune couche de la population mondiale. Des phénomènes naturels aux inventions humaines, mieux du changement climatique au progrès technologique, tout semble plonger la planète dans un processus de changement généralisé continu. Autrement dit, le monde est plus que par le passé en pleine mutation. Il suffit d'observer autour de soi, les effets de la mondialisation, du modernisme, du système virtuel et du progrès technologique pour s'en rendre compte. En fait, au premier abord, tout ceci, pour prendre le cas du progrès technologique, va dans le sens de faciliter et d'améliorer le bien-être de l'homme en général, et cela, tel que conçu et présenté actuellement.

Pourtant, à la réflexion, on se peut se rendre compte que ce changement qui se donne à voir dans tous les domaines de la vie aujourd'hui, contribue très lentement et très subtilement à exposer le monde à de nouvelles réalités multisectorielles. Autrement dit, la population mondiale d'aujourd'hui fait face à une culture nouvelle, laquelle est suscitée par tout ce qui est cité plus haut. On parle de "**modernisme**".

Sachant que le monde est constitué de populations, et que les populations à leur tour, sont constituées d'individus, on comprend clairement que *l'individu se retrouve ici comme l'élément au cœur de ce processus*.

Le développement, la croissance, le progrès, la prospérité, le bien-être, la paix, la sécurité, la santé, l'éducation, l'environnement… tels sont les concepts récurrents intégrés dans les programmes des organismes internationaux pour mener des actions en faveur de l'humanité (à l'exemple des ODD/ Objectifs de Développement Durable impulsés par le système des Nations Unis); une fois de plus, *l'individu apparaît au centre du débat*.

Dans un contexte beaucoup plus étatique à l'exemple de celui des États en Afrique, on entend quotidiennement certains concepts à la télévision. On parle de développement communautaire, de développement socio-économique, de programmes d'aide aux jeunes filles mères, de fonds ou de programme d'assistance aux personnes sinistrées ou aux personnes économiquement faibles pour ne citer que ceux-là. Quel que soit le contexte, *l'individu en est toujours la cible sinon l'objet principal*.

Il est donc convenable de dire que l'individu est la base du développement de la société, car en définitive, tout est fait par l'homme et pour l'homme.

Cependant, l'individu qui pourtant est au centre de la question du développement, se retrouve aujourd'hui en proie aux nombreux effets pour la plupart, néfastes, causés par les changements multisectoriels suscités par la tendance actuelle présentée sous la forme du *modernisme*. Ce n'est rien d'autre qu'un système mise en place !

En fait, on peut constater que ce système contribue malheureusement aujourd'hui à forger une telle mentalité déconnectée de l'identité réelle de l'individu à tel point que ce dernier se retrouve en proie aux effets corruptibles, illicites, inhumains et cruels créés par ledit système. De nos jours, plusieurs se lancent dans des activités illicites de tout genre tels que le trafic de drogue, le trafic humain, la prostitution multiforme, et ce, afin de gagner leur vie et de rechercher une reconnaissance par la société.

En effet, on peut dire que l'humanité tout entière assiste à une véritable perte d'identité sociale et culturelle dont la proportion s'avère de plus en plus inquiétante. Le comble dans tout cela, c'est que de nos jours, cette perte d'identité réussie progressivement à créer un nouveau phénomène sociale que je qualifie de « *maladie sociale du siècle* » : **le manque d'estime de soi**. Ainsi, la question du développement socio-économique se retrouve paralysée par le manque d'estime de soi qui finalement intoxique **l'individu**.

2. L'individu

Dans le chapitre précédant, nous avons compris que l'individu est le principal acteur du développement de la société, et que l'entrepreneuriat est une prise d'initiative qui émane premièrement d'une volonté individuelle avant d'être mise dans un contexte communautaire. De ce fait, si l'individu qui est censé être au cœur de la question du développement de la société, vient à accepter l'image dévalorisante que lui renvoie la société actuelle par le biais de la tendance du modernisme, des réseaux sociaux ou du système en général, il sera de plus en plus difficile d'envisager un véritable développement à long terme chez ce dernier. La conséquence majeure de ce système organisé est donc sa perte d'identité sociale et culturelle.

J'aimerais un tant soit peu aborder quelques facteurs qui expliquent l'existence de ce phénomène social, et surtout comment ils s'illustrent en frein au développement socio-économique dans la société. Mais avant tout, c'est quoi perdre son identité? Et d'ailleurs, qu'est-ce que l'identité ?

II. L'identité

L'identité se définit comme étant un ensemble de caractères attribués à une personne et influençant son comportement et ses relations sociales. Cette définition nous permet de mieux expliquer le phénomène actuel tel que présenté dans les lignes précédentes. En effet, l'identité d'un individu reflète l'ensemble des influences culturelles et sociales exercées dans la vie de ce dernier. Par extension, l'identité d'une personne est ce qui permet à cette dernière de s'identifier ou d'être reconnue comme étant d'une certaine communauté ou comme ayant un certain statut.

■ *La culture et la société*

Pour revenir sur l'objet de cette partie, à savoir les influences culturelles et sociétales sur l'individu, il faut dire que la culture et la société jouent un rôle capital dans la constitution de l'identité socio-culturelle de l'individu. En effet, derrière l'influence culturelle, il y a des traditions, des croyances, des coutumes, des pratiques et des valeurs propres à la communauté à laquelle appartient l'individu. Ainsi, ce dernier se distingue d'un autre de par sa manière de penser, de raisonner, de parler et d'agir en fonction de la localité dans laquelle celui-ci évolue et de la communauté à laquelle il appartient. Cette différence explique donc la culture de l'un et celle de l'autre.

Par ailleurs, il est important de souligner que la société n'est pas sans influence sur le comportement des individus (de la population). En cette ère de la mondialisation, plusieurs phénomènes sociaux affectent de plus en plus la mentalité de nombreuses personnes, et ce, par le canal des avancées du système du virtuel et des réseaux sociaux pour ne citer que ceux-là. Cette influence sur l'individu présente un côté à la fois positif et négatif. Cependant, le côté négatif s'avère largement plus développé que l'autre, ce qui explique l'existence d'une *crise identitaire*.

1. La crise identitaire

La population mondiale en général et celle de l'Afrique en particulier est en proie à une multiplicité de sources d'influences qui conduisent graduellement cette dernière vers une perte identitaire, qui elle, constitue un frein au développement de la société africaine. En effet, il en existe plusieurs, mais j'aimerais particulièrement aborder trois (3) d'entre-elles, à savoir: la société (famille et école), les *médias télévisés* et les *réseaux sociaux*.

■ *La société*

La société est de nos jours l'un des éléments les plus influents que l'on retrouve dans la vie d'une personne. Elle contribue au fondement de la vie sociale de l'individu à travers différents acteurs, chacun ayant sa dose d'influence sur ce dernier tant sur son mental que sur son intellect. Il y a un célèbre adage qui dit que « *l'individu est le produit de son milieu*». Cela veut dire tout simplement que la société dans laquelle une personne évolue représente la matière première de la vie mentale et intellectuelle de cette dernière.

La société façonne l'individu par plusieurs acteurs que sont la *famille*, l'*école* et les *médias télévisés*. Aujourd'hui l'on peut également se rendre compte de l'impact considérable des réseaux sociaux dans la société. Une fois de plus l'individu se trouve au cœur du menu proposé par le système en place qui finalement détruit plus qu'il ne construit.

■ *La famille*

La cellule familiale constitue la base de l'éducation d'un individu; je dirais même le fondement de la vie sociale d'une personne. En effet, dans le cadre familial, l'individu apprend le *savoir vivre*, le *savoir être* et le *savoir-faire* par le biais de l'éducation fournie par ses parents pour ceux-qui ont en eu la grâce bien sûre. Ainsi, les valeurs morales et intellectuelles, les croyances et les traditions reçues de ses parents, représentent l'éducation de ces derniers, car on ne peut donner que ce que l'on a. On dira par exemple qu'un enfant poli et respectueux reflète l'éducation de ses parents et dans le cas contraire, cela reste une déduction logique.

Pour une raison ou pour une autre, les parents exercent une forte influence dans la vie de leurs enfants par leur conduite vis à vis d'eux. En effet, certains enfants font très souvent l'objet de paroles dures, blessantes et décourageantes de la part de leurs parents ou de leurs proches, lesquelles (paroles) constituent un véritable poison susceptible de nuire, et même pire, de détruire l'avenir de ces derniers. Il existe des enfants qui n'ont jamais connu l'affection paternelle quoique ayant un père tout comme l'affection maternelle quoique ayant une mère. Un tel enfant exposé aux paroles du genre « *tu ne vaux rien; tu es maudit; tu es nul; tu ne peux rien*», ne pourra grandir qu'avec une mentalité défaitiste dû au manque d'estime et de considération de ses proches. Plusieurs finissent dans tout type de vice tel que la délinquance juvénile, la sexualité précoce, la consommation de l'alcool, de la drogue et à bien d'autres choses du genre pour tenter d'évacuer leurs souffrances internes.

Le comble est que cette mauvaise influence dans la vie de l'individu engendre systématiquement des conséquences lamentables dans la société. C'est à dire que des enfants issus d'un tel environnement familial, ne pourront reproduire que toutes les influences (informations) négatives que leurs yeux, leurs oreilles et leur cœur ont enregistré pendant de nombreuses années dans la maison familiale. Il sied donc de dire qu'une éducation ratée depuis la cellule familiale constitue une influence négative pour la société. C'est un sujet qui doit être véritablement pris au sérieux aussi bien par les parents que par les enfants eux-mêmes.

De l'autre côté, il y a des enfants ayant grandi dans des circonstances tristes et difficiles. Dans ce groupe, on retrouve les orphelins et les enfants abandonnés qu'on appelle communément "*les enfants de la rue*". Ceux-ci se retrouvent donc à la merci de la rue et aux nombreuses dérives qui vont avec. La fin ici n'est pas différente du cas du groupe précédent. Généralement elle s'avère être pire. ***C'est une tragédie.***

- ■ *L'école*

L'école est cet environnement où l'individu a accès à l'instruction par le canal des enseignants ou des professeurs (selon le niveau d'étude). Pour avoir été élève, puis étudiant, j'ai pu me rendre compte de la facilité avec laquelle un apprenant peut se laisser affecter par des mauvaises notes, et surtout par les commentaires de ses enseignants ou de ses condisciples à propos. Ce qui est plus frustrant est que cela se fait parfois au mépris total des nombreux efforts que ce dernier peut fournir pour réussir.

Après avoir accumulé trop de frustrations, aussi bien de la part des membres de sa famille que de celle de ses condisciples de classes et de ses enseignants, l'élève ou l'étudiant finit par développer un sentiment de *rejet intellectuel*. En effet, ce sentiment abouti graduellement à un complexe d'infériorité (un très faible manque d'estime de soi). On peut constater que la personne se referme de plus en plus sur elle-même et se lance dans une quête permanente de reconnaissance sociale, c'est-à-dire la recherche de l'approbation et de la considération des autres. Une telle situation conduit inévitablement la personne victime à tout type de vice. De nos jours plusieurs se livrent de plus en plus au le divertissement pour mieux évacuer cette souffrance psychologique.

Parmi les moyens de divertissement en présence, les médias et les réseaux sociaux s'avèrent les plus sollicités. En effet, ces personnes socialement frustrées et moralement abattues trouvent généralement refuge dans la consommation soit des programmes télévisés de divertissement ou des réseaux sociaux.

Par ailleurs, le constat est beaucoup plus triste pour celles et ceux qui n'ont pas eu la chance d'être scolarisés. Ici, il y a un sentiment de *discrimination sociale* beaucoup plus profond. En effet, le fait de n'avoir pas été à l'école, et surtout de ne disposer d'aucun diplôme est une situation accablante qui constitue pour beaucoup un véritable frein à leur progression sociale. Ces derniers se sentent généralement sans utilité pour la société et s'adonnent à des "*petits métiers*" comme on les appelle communément en Afrique et en l'occurrence dans certains pays francophones à l'exemple du Gabon. On retrouve les métiers tels que *pousseur de brouette, vendeur ou vendeuse ambulant (e), coiffeur ou coiffeuse, de boy chauffeur, de chauffeur de taxi, de dame de ménage* etc.

Une fois de plus, un sentiment de rejet social s'y installe et active systématiquement le processus de sous-estimation de soi. (***Cela détruit l'utilité sociale de la personne.***)

■ *Les médias télévisés*

Aujourd'hui, la jeunesse africaine embrasse la mondialisation par le biais des médias et en l'occurrence des chaînes télévisées spécialisées dans le divertissement. En effet, on peut constater que cette jeunesse marque un intérêt de plus en plus fort à l'endroit des émissions de télé-réalités qu'aux autres programmes de divertissement mettant moins en avant l'idée de la vie privée.

En fait, on peut constater qu'avec la tendance actuelle, on est parti du format de *mise en scène des histoires réelles* à celui de *mise en scène de la vie réelle et privée* des "acteurs." On doit bien pouvoir comprendre la nuance entre "*histoire réelle*" et "*vie réelle*". Dans le contexte d'une histoire réelle, on assiste à une série de mise en scène jouées par des acteurs qui interprètent la vie des différentes personnes ayant vécu l'histoire dont il est question. Par contre, dans le cas d'une télé-réalité, on a affaire ici à un acteur, qui est à la fois son propre personnage, et qui exhibe sa vie d'acteur ou de star en mettant en avant sa vie professionnelle, sentimentale, récréative etc. En effet, le fait de voir des acteurs peu connus du grand public jouer un rôle qui relate une histoire réelle qui a eu lieu dans le temps pour le cas d'un film, est radicalement différent du fait de voir une star assez connue dans un autre domaine à l'exemple de la musique, jouer un rôle dans le contexte d'une télé réalité. Ici, l'approche marketing est pleinement à l'œuvre. (C'est assez attrayant.)

A première vue, cette tendance peut sembler être pour certains, une source de divertissement et d'épanouissement, et pour beaucoup d'autres, une véritable source d'inspiration. Pourtant, il existe une réalité qui n'apparaît pas nécessairement évidente. En effet, l'on s'aperçoit très vite que ces programmes créent chez les téléspectateurs et plus précisément chez les fans, plus de complexes qu'autres choses. Les jeunes filles et jeunes garçons veulent ressembler aux stars de télé-réalité. A force de consommer ces programmes télévisés de façon régulière, ils finissent par y développer des désirs d'imitation (reproduire ce qu'ils voient à la télé). Ce désir parvient à déconstruire très subtilement l'**originalité** du téléspectateur ou de la téléspectatrice, du moins des personnes influencées par ces "moyens de divertissement". Cet effet fabrique progressivement une sorte de superficialité chez ces dernières. Cet amour excessif placé à l'endroit de ces "*stars*", crée une forte envie de leur ressembler; de les imiter, de se vêtir comme eux, de parler comme eux, s'amuser comme eux, de dépenser comme eux, en bref, d'être comme eux. En se plongeant ainsi, dans le paraître, le téléspectateur ou la téléspectatrice victime, perd le sens de son être (ce qui lui est propre). Autrement dit, il perd sa personnalité pour devenir ainsi un personnage. *Comment vivre sa vie au travers de la vie de l'autre!* C'est une véritable destruction de soi, je dirai même *un suicide identitaire*. En effet, dans ce contexte, la victime veut se sentir suivie et appréciée. Ici, le sentiment de recherche d'estime de soi et de considération de la part des autres est bien à l'œuvre. Ainsi, tout le monde veut désormais devenir acteur d'une sorte de télé-réalité selon les moyens à disposition. Généralement, les réseaux sociaux constituent la plateforme idéale pour la reproduction et la vulgarisation de ces fantasmes sociaux.

■ *Les réseaux sociaux*

Les réseaux sociaux sont une plate-forme d'expression libre qui exerce aujourd'hui une forte dose d'influence dans le comportement de la population mondiale, et surtout chez la jeunesse. En effet, comme le nom l'indique, les réseaux sociaux constituent un véritable carrefour d'expression publique, accessible à tout le monde, c'est à dire toute personne confondue (issue de toute classe sociale, de tout genre, de tout bord politique, religieux, culturel et autres). Au travers des chaînes télévisées en ligne, des sites Web, des réseaux de communication rapide et autres, l'accès à l'information est de plus en plus facilité. Ainsi, de l'actualité politique à l'actualité économique et culturelle aussi bien à l'échelle nationale qu'internationale, chacun peut désormais s'y connecter et en bénéficier gratuitement dans certains cas et à moindre coût dans d'autres. Dans le contexte technologique actuel, les internautes du monde sollicitent de plus en plus les nouveaux appareils électroniques proposés sur le marché, à savoir les ordinateurs portables, les tablettes, les Smartphones dit « *téléphones intelligents* ».

Cependant, il se trouve que plusieurs personnes s'adonnant à la consommation excessive des réseaux sociaux, ont fini par développer un attachement intense, voire une certaine dépendance. Ceci est le cas des "addicts" des réseaux tels que Facebook, Whats'app, Intagram, Youtube, Twitter...etc. (*Je ne condamne pas l'usage de ces outils, mais je fustige le rapport de dépendance qu'ils imposent à l'individu.*) On se rend compte que le sens de l'intimité et celui du privé perdent de plus en plus leur valeur. La personne ici est toujours tentée d'entreprendre des conversations avec des amis et même avec des personnes inconnues. Elle est également tentée de poster ses photos et vidéos généralement dans la plupart des cas, pour se faire valoir aussi bien physiquement, intellectuellement, matériellement que financièrement. A y réfléchir, beaucoup s'en serve aussi bien de manière consciente qu'inconsciente pour évacuer certaines émotions telles que le rejet social, l'ennui, le manque d'estime de soi, le manque d'affection des autres, le manque de confiance en soi, le manque de paix, et ce, dans le seul et unique but de retrouver un certain soulagement intérieur par l'approbation des autres. En d'autres termes, cette tendance conduit les personnes socialement frustrées, à se bâtir une identité nouvelle cette fois-ci basée sur le regard des autres citoyens de la « *société virtuelle.*» On parlerait ici du remplacement de l'identité réelle par l'identité virtuelle ou digitale. **Il s'agit ici d'une introduction au monde de l'illusion.**

Combien de personnes en cette ère de l'émergence du numérique se laissent-elles dérobées leur identité réelle par les réseaux sociaux? Combien arrivent encore à se considérer sans l'approbation des amis sur Facebook?

Combien arrivent encore à se valoriser en dehors de la société virtuelle? Combien s'aiment, s'apprécient, s'estiment et se considèrent encore comme étant unique et important pour la société réelle?

Arthur C. Brook dit :

> « *Aujourd'hui, chacun de nous peut se construire une renommée grâce à Facebook, Youtube, Twitter et autres réseaux sociaux du genre. Nous pouvons diffuser les détails de nos vies à des amis et étrangers d'une manière incroyablement efficace. C'est en effet une bonne chose de maintenir le contact avec des amis, cependant, cela traduit également une forme de recherche de reconnaissance. Et l'évidence de ce fait confirme les anecdotes: Cela peut être à l'origine d'un manque de bonheur....Par conséquent, nous suivons de manière presque exclusive la vie incomplète de nos "amis" des réseaux sociaux et par la suite comparons leurs illusions à notre réalité. C'est un exercice amusant lorsqu'on y pense. Nous passons une bonne partie de notre temps à prétendre être plus heureux que nous le sommes en réalité, et l'autre partie du temps, à voir comment les autres semblent plus heureux que nous le ressentons.* »

C'est une véritable prison identitaire que de se sentir contraint de montrer aux autres que nous sommes heureux alors que nous ne le sommes réellement pas. Être en proie à un tel système de pensée, contribue de manière très subtile et très efficace à détruire le sens originalité de l'individu, car cela le dépossède de sa capacité à s'auto-valoriser et à s'affirmer dans la société.

Cette perte identitaire que subit l'individu est une perte de repère. L'individu, est-il acteur ou sujet dans la société actuelle?

2. L'individu: sujet de la société mais responsable de son avenir

On assiste à une terrible dépravation des mœurs à travers le monde qui ne cesse de prendre des proportions inquiétantes. On peut voir des jeunes garçons qui s'adonnent de plus en plus au trafic de drogue et des jeunes filles qui se livrent de plus en plus à la prostitution. En effet, parce que n'ayant plus de repères, la population mondiale en général et la jeunesse en particulier, se retrouve totalement livrée à elle-même dans une société complètement soumise au contrôle du système en place. Ce système assujetti l'individu et dépossède ce dernier de ce qui lui est propre: *son identité*. Cette perte identitaire amène l'individu à perdre également le sens de l'importance de son rôle dans la société: *le sens de la citoyenneté*.

A la lumière de ce qui a été dit jusque-là, on peut comprendre que l'individu est véritablement placé au cœur de tout ce qui se fait dans la société. Cependant, ce dernier se retrouve exposé à diverses réalités. L'individu est le produit de son milieu. En effet, quatre et vingt dix pourcent des éléments expliquant l'attitude sinon le comportement d'un individu résulte en grande parti de l'environnement dans lequel celui-ci évolue. L'environnement influence et façonne sa pensée, ses actions, ses habitudes, ses pratiques, son caractère, sa mentalité mieux, sa culture pour ainsi dire. La culture de ce dernier est ce qui l'identifie ; ce qui le définit le mieux.

Par ailleurs, comme on l'a déjà relevé, plusieurs facteurs contribuent à la constitution de l'identité de l'individu. On peut donc les catégoriser en six grands groupes: *La famille*, *la religion ou la foi*, *l'école*, *la société*, *le gouvernement* (institutions) et *les médias* (télé et réseaux sociaux).

En effet, chacun de ces facteurs contribue à la fabrication de la mentalité d'un individu et d'une communauté, et ce, par le biais des informations qu'ils fournissent. Ce phénomène varie naturellement d'une zone géographique à une autre.

Par ailleurs, lorsqu'on parle de la perte de l'identité sociale et culturelle chez l'individu, tout commence lorsque ce dernier accepte la définition que ces différentes entités lui attribuent. Cela veut dire par exemple, qu'en considérant comme vérité absolue l'image négative que lui renvoient sa famille *"tu es nul"* ; ses proches " *tu ne peux pas*" ; l'école *"tu ne vaux rien"*; le gouvernement *"tu es pauvre ou économiquement faible"* ; la société " *tu es moche"* ; la télé *"tu es inconnu et inutile"* et les réseaux sociaux *"tu peux te façonner un personnage en donnant l'illusion au monde que tu es ce que tu n'es pas en réalité"*, ce dernier aura tendance à agir sous l'influence de chacune de ces informations-là.

Une personne en proie à une telle réalité sociale perd systématiquement le sens de sa valeur aussi bien au niveau personnel que communautaire. C'est l'effondrement de la société ! Un citoyen sans estime de soi, c'est-à-dire une personne socialement rejetée, discriminée, dévalorisée et frustrée, est une perte considérable pour la société, et donc, un frein non négligeable à son développement. Lorsque le nombre de victime augmente, l'on assiste à tout type vice et de déviance.

A cause de l'image négative que l'on a de soi-même, beaucoup ont cessé de jouir de leur vie comme ils le devraient. En effet, le manque d'estime de soi plonge beaucoup dans un climat constant de peur et d'inquiétude du lendemain. Malheureusement, aujourd'hui, la peur et l'inquiétude sont des états émotionnels qui caractérisent le mieux une bonne partie de la population mondiale actuelle. On assiste à des maladies de plus en plus fréquentes telles que les cancers, les tumeurs, les AVC, la tension etc. Toutes ces maladies sont généralement liées au stress, à la peur, l'angoisse et bien à autres états émotionnels du genre.

Dans d'autres cas, le manque d'estime de soi a été à l'origine de beaucoup de cas de suicide, d'actes terroristes, de divorce, de rébellion, de prostitution, de viol, de crime, d'actes portant atteinte aux bonnes mœurs et à la pudeur (la pornographie, la corruption, la fraude etc.) et bien d'autres.

On peut bien se poser la question de savoir s'il n'y a pas *une solution véritable* à cette maladie sociale qui ne cesse d'en faire des victimes au fur et à mesure que les années avancent. Finalement quelle est l'implication de l'individu lui-même dans la résolution de ce problème?

III.   La définition de l'individu

Il est vrai que l'individu est quotidiennement soumis à ce que les sociologues appellent la loi sociale, laquelle met en exergue la relation de cause à effet entre l'individu et son milieu de vie. En effet, cette loi explique les raisons pour lesquelles une personne pourrait agir d'une manière ou d'une autre en fonction de l'environnement où celle-ci se trouve. Jusqu'ici on a vu les différents facteurs qui influent la personnalité de l'individu dans sa pensée, son raisonnement, son action, ses pratiques, ses habitudes, son caractère, et sa culture.

On peut le résumer au travers de l'image ci-dessous.

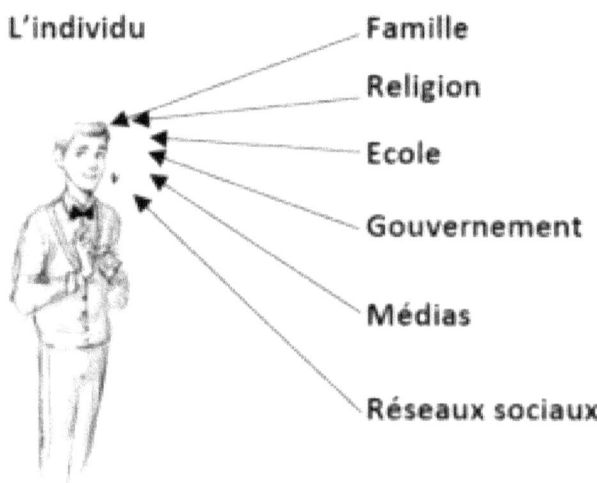

Cependant, il est important de souligner que l'individu est *le premier responsable de sa vie*, d'où l'urgence d'une affirmation de soi dans le contexte socio-culturel actuel.

1. L'individu en tant que Citoyen

Il est important de comprendre ici que l'individu est d'abord et avant tout un citoyen évoluant dans une société donnée (c'est à dire une personne physique ayant des droits et des devoirs). En effet, en plus de bénéficier de l'assistance de l'État au travers des services publics comme l'accès à l'éducation, la santé, la sécurité, l'eau, l'électricité etc., le citoyen doit savoir qu'il est aussi un patriote, c'est-à-dire qu'il doit également s'engager à servir son pays. De ce fait, l'individu occupe une place assez importante dans la société. Il est de par ses capacités naturelles (aussi bien au niveau intellectuel que physique) un acteur du développement pour la société.

En ayant le sens de la prise d'initiative pour son développement personnel et celui de l'engagement au développement communautaire, l'individu développe ainsi son esprit citoyen.

2. La définition de l'individu par l'individu

Il y a une célèbre idéologie socio-culturelle camerounaise qui dit *"Impossible n'est pas camerounais."* En effet, cette espèce de doctrine sociale est l'une des caractéristiques propres à la culture du citoyen camerounais qui en quelque sorte, amène la personne à ne pas se laisser effrayer ou décourager par une quelconque difficulté. On peut constater que cette "croyance sociale" anime de façon générale la pensée aussi bien des plus jeunes que des plus grands. Cette mentalité constitue un facteur de persévérance, de détermination, de courage, et surtout d'audace sociale chez le citoyen et la citoyenne d'origine camerounaise. Une telle disposition d'esprit permet à l'individu de se définir dans la société tout en valorisant son identité, laquelle met en évidence l'idéologie socio-culturelle prédominante de la communauté à laquelle celui-ci appartient.

Cet exemple nous permet de comprendre que l'individu a la possibilité d'affronter les influences sociales et culturelles négatives de son environnement par des valeurs et des principes de réussite et d'audace. Cela lui permettant également d'affirmer sa citoyenneté.

- ### *Une idéologie socio-culturelle*

Une idéologie est un ensemble de doctrines sociales, politiques et économiques cohérentes entres-elles que l'on retrouve dans une société ou une communauté donnée. Une idéologie résulte d'une pensée généralement partagée par les membres d'une société, et ce, dans un domaine donné. L'idéologie constitue une forteresse culturelle qui concoure au fondement de l'identité d'un individu. Elle lui donne une approche par laquelle ce dernier aborde les circonstances sociales et culturelles de sa communauté. La qualité de l'idéologie prédominante d'un pays façonne l'état de développement de ce dernier. Autrement dit, le niveau de développement d'un pays résulte en grande parti de l'influence de l'idéologie socio-culturelle prédominante. Toutefois, avant d'être généralisée au niveau communautaire, l'idéologie commence d'abord et avant tout au niveau individuel.

- ### *L'idéologie sociale de l'individu*

Il n'existe pas d'idéologie sociale standard ou conventionnelle, car les réalités sociales et culturelles varient d'un pays à un autre. Cependant, je pense que ce qui pourrait bien amener un individu à se développer socialement, c'est une idéologie qui mets en avant *la foi en Dieu*, *des valeurs morales* et *des objectifs sociaux nobles*.

En effet, une telle idéologie sociale permet à l'individu d'acquérir une certaine appréciation de la vie basée sur :

La foi en ce que Dieu dit de sa personne pour de gagner une forte estime de soi et de développer sa relation avec Dieu.

1. Des principes d'éthique qui font échos à la notion du respect de sa patrie (son pays) et de son prochain pour vivre en harmonie avec l'homme et l'environnement.
2. Des ambitions ou aspirations entrepreneuriales pour mener une vie disciplinée et objective.

L'individu doit donc pouvoir croire en lui-même pour se définir et s'affirmer dans la société en tant que citoyen. Cela passe par une restauration totale de l'estime qu'il a de lui-même.

Clémence Perrot souligne dans sa thèse *Estime de soi et risque suicidaire*[6] les trois piliers qui entretiennent des liens d'interdépendance selon C. André :

- **L'amour de soi :** se respecter quoi qu'il advienne, écouter ses besoins et ses aspirations. Il facilite une vision positive de soi.
- **La vision de soi :** évaluer ses qualités et ses défauts, fondés ou pas. Elle influence positivement la confiance en soi.
- **La confiance en soi :** penser que l'on est capable d'agir de manière adéquate dans les situations importantes.

Ces trois éléments favorisent de développement de l'esprit entrepreneurial chez l'individu. En effet, ils contribuent à *détruire ce qui ce qui empêche le sens de la prise d'initiative* chez l'individu, pour bâtir l'infrastructure mentale nécessaire à son développement. Ceci nous permet d'entrer dans le vif de notre sujet : **l'approche CIDC**.

CHAPITRE III

L'approche CIDC

Ce chapitre constitue le cœur de Cet ouvrage. Dans cette partie, je présente une approche d'intégration sociale et d'insertion professionnelle stratégique. Elle est conçue de façon pédagogique pour permettre aux lecteurs en situation d'initiation à l'entrepreneuriat d'acquérir une expérience professionnelle favorable à la création de leur propre structure. Cette approche que j'appelle **l'approche CIDC** s'applique aussi bien dans le contexte de l'entrepreneuriat économique que dans celui de l'entrepreneuriat social. Cependant, l'accent sera mis sur l'entrepreneuriat social.

I. Présentation de l'approche CIDC

L'approche CIDC est une méthode d'intégration sociale et d'insertion professionnelle dans un contexte entrepreneurial qui permet au lecteur (utilisateur ou utilisatrice) d'adopter une démarche stratégique articulée en quatre grandes étapes qui sont représentées dans le sigle "CIDC" dont je vais donner la signification par la suite.

En effet, cette approche permet aux personnes victimes du système décrit dans le chapitre précédent, c'est à dire à tous ceux qui ont perdu le sens de l'estime de soi et qui ont cessé de croire en leurs rêves, de reprendre leur destin en main. Elle permet à tous ceux qui vivent actuellement sous l'influence de ce phénomène sociale d'envergure mondiale (la crise identitaire), de changer la lecture qu'ils ont d'eux-mêmes et de leur rôle dans la société en cette ère du vingt et unième siècle. La CIDC permet également d'utiliser les moyens que nous impose le système pour mieux le combattre et le vaincre dans toutes ses formes, et ce, de façon stratégique et progressive en vue d'une reprise totale du contrôle de sa vie sociale. Cela étant, il est important de souligner que le succès de cette noble entreprise dépend largement de la volonté, voire de la détermination de l'individu à affronter cette réalité sans relâchement tant sur le plan mental, moral, qu'intellectuel et physique.

L'approche CIDC est un moyen qui permet à l'individu (le lecteur en situation d'initiation et pratiquant) de regagner le sens de sa personnalité et celui de sa citoyenneté pour mieux s'affirmer dans la société. Elle constitue un véritable moyen de découverte de soi pour les uns et de redécouverte de soi pour les autres. En somme, elle vise à déconstruire toutes les influences socio-culturelles négatives, intégrées dans la mentalité de l'individu au fils du temps par les différents canaux du système cités dans le chapitre précédent pour bâtir une culture entrepreneuriale noble et efficace.

Il faut dire que ce concept est le fruit d'une expérience personnelle. En effet, le fait d'avoir conceptualisée cette méthode de développement personnel m'est venue à l'esprit en 2014. Bien entendu, c'était suite à son expérimentation, et surtout au regard de son apport dans ma modeste carrière de jeune entrepreneur social. Etant étudiant en troisième année d'université, j'exerçais nombreuses activités extra-universitaires, notamment au sein d'une ONG locale appelée ETG (English for Tourism in Gabon) et aussi d'une agence de voyage (Excellence Voyages). En fait, je m'étais engagé dans un processus stratégique d'acquisition d'expériences professionnelles dans un domaine que j'affectionne jusqu'à ce jour : le tourisme et le voyage. Je dois préciser que le programme d'enseignement que je suivais à l'université n'était pas totalement en phase avec l'objet de ma passion hormis la langue anglaise. Cependant, cela n'avait constitué en aucun cas un obstacle à mon aspiration professionnelle et à ma volonté de m'engager dans ce « processus d'auto-spécialisation». J'ai dû donc m'auto-spécialiser dans le domaine du tourisme et du voyage en utilisant une méthode bien structurée, et ce, tout en profitant pleinement de mon adhésion à l'ONG ETG. J'ai entrepris de nombreuses recherches dans ledit secteur en utilisant différents supports afin d'acquérir des connaissances théoriques. Aussi, pendant deux ans et quelques mois, j'ai participé activement aux différentes activités touristiques de l'ONG, notamment dans l'organisation d'excursions, l'animation du club de tourisme, les prestations de services de guidage, d'interprétation et de traduction. Cela m'a donc permis d'acquérir des connaissances pratiques, lesquelles m'ont servi plus tard à créer ma propre organisation. (Nous le verrons dans le dernier chapitre.)

L'expérimentation de ce cheminement professionnel tout à fait logique, a contribué à forger graduellement en moi toute une mentalité d'entrepreneur et de visionnaire. Cette expérience m'a permis d'apprécier et d'aborder la vie en société autrement. L'objet de cet ouvrage consiste aussi à inspirer toutes celles et ceux qui aspirent à s'engager pour le développement social et économique de leur pays par le biais de l'entrepreneuriat social.

Il faut dire que l'approche CIDC est une modeste contribution pour le développement de l'entrepreneuriat social en Afrique et précisément dans les pays où ledit secteur fait encore l'objet d'un mépris total aussi bien de la part des gouvernements que de celle des populations (communautés) elles-mêmes. Je pense que les entrepreneurs sociaux occupent, sinon devraient occuper une place capitale dans la politique du développement socio-économique d'un pays, car ces derniers représentent pour la plupart la voix de plusieurs personnes. Ils sont la voix de plusieurs familles représentées par une structure associative à l'exemple soit d'une ONG, d'une coopérative ou d'une association. Ils sont très souvent la voix des sans voix.

L'approche CIDC est un outil qui favorise la création et le développement des structures associatives, et donc qui valorise la culture de prise d'initiatives de développement personnelle et communautaire. Elle constitue se veut être un facteur d'intégration et de réintégration sociale pour les personnes socialement frustrées, défavorisées et marginalisées, qui ont cessé de croire en leurs rêves et en leur avenir.

L'approche est aussi dédiée aux personnes qui n'ont pas eu la grâce d'être scolarisées ; ceux qu'on appelle vulgairement "personnes sans qualifications" qui se sentent pour la plupart socialement exclues, et qui toutefois, ressentent en elles-mêmes un profond désir d'exprimer leur passion afin de valoriser leur vocation.

Elle est dédiée aux étudiants en situation de mal-orientation, c'est-à-dire toutes celles et ceux qui ont suivi ou qui suivent à ce jour un programme de formation qui ne correspond pas à l'objet de leur passion dans la vie ou à leur aspiration professionnelle.

Elle est également dédiée à toutes personnes désireuses d'entreprendre une activité aussi bien dans un cadre commercial que social.

Je me suis rendu compte plus tard, que cette approche, constitue un véritable processus de découverte des multiples potentialités (facultés naturelles aussi bien intellectuelles que physiques) qui sommeillent en chacun de nous, et qui n'attendent qu'à être éveillées, développées et valorisées. De ce fait, la mentalité de l'individu constitue le point fondamental sur lequel l'on peut bâtir cette culture. Les principes de l'approche CIDC sont donc autant d'ingrédients indispensables à la constitution de cette mentalité de développement personnel.

Comme je l'ai annoncé bien avant, le concept est un sigle qui s'articule autour de quatre étapes:

1. **C**ulture de la recherche de l'information
2. **I**ntégration à une organisation
3. **D**éveloppement du potentiel au sein du groupe
4. **C**réation de sa propre structure

Ce procédé que vous êtes sur le point de parcourir constitue une réponse aux multiples préoccupations sociales que se posent généralement les différentes catégories de personnes précédemment citées. Il se peut même que vous (lecteur) en soyez concerné (e), si tel est le cas, j'aimerais que vous sachiez une chose: *il n'est jamais trop tard pour réussir, et ce, quel que soit votre statut social, votre âge ou votre condition physique.*

On dit souvent tant qu'il y a de la vie, il y a toujours de l'espoir. Aujourd'hui est peut-être le jour d'un nouveau départ dans votre vie sociale. En tant que premier responsable de votre avenir, vous avez ainsi en ce jour l'opportunité de tourner la page du passé qui met toujours en évidence vos erreurs et les injustices sociales de votre environnement, pour enfin bâtir votre avenir sur la base d'un présent nouveau, rempli d'espoir, de confiance en soi, de passion et de créativité. Vous devriez dire en vous-même dès à présent : *Aujourd'hui, c'est encore possible et non demain! Je dois maintenant changer de mentalité !* En effet, le changement n'est possible que si vous le voulez et le choisissez. Le changement de mentalité est un choix personnel.

Je pense que le futur se construit dans le présent, et ce, en fonction des décisions que l'on prend face aux circonstances de la vie et des habitudes qu'on y développe.

Il est vrai que changer une mauvaise habitude (mentalité) par une bonne habitude, reste une entreprise assez difficile et un processus assez long. Toutefois, lorsqu'on y met de la volonté, de la détermination, et surtout de la persévérance, la réussite devient systématiquement la destination finale de ce long voyage. Autrement-dit, la possibilité de changer de mentalité réside dans la pensée de l'individu. C'est un choix ; c'est une décision; c'est une volonté ; c'est une conviction.

Tout commence dans la pensée avant d'aboutir au contexte réel et physique. Ce chapitre constitue *le cœur de ce livre*. Il est donc capital de cerner l'esprit, c'est-à-dire l'idée motrice. Nous sommes ici dans un processus d'auto-découverte. Je vous souhaite donc une agréable découverte de vous-même !

II. Culture de la recherche de l'information

Dans ce contexte mondial actuel, visiblement hostile au développement personnel de l'individu, il est devenu plus que nécessaire pour toute personne soucieuse de son avenir, de connaître son identité afin d'affirmer sa personnalité et de se réaliser dans la société. Par conséquent, un processus d'auto-découverte et de discipline mentale envers soi-même s'impose systématiquement. En effet, pour qu'un individu se découvre, et surtout appréhende son individualité, ce dernier doit nécessairement considérer *tout ce qui lui est propre et naturel*, c'est-à-dire tout ce qui le définit (ou caractérise) le mieux. Il s'agit ici d'une identification de toutes les facultés naturelles que celui-ci dispose. Le succès de cet exercice passe par une observation générale de ses potentialités naturelles et de la reconnaissance de ces talents par la société par le biais de l'éducation. Cependant, pour les personnes non-scolarisées, il y a toujours un moyen de se découvrir et de s'affirmer dans la société, d'où la formalisation du concept CIDC. **C'est encore possible, ne l'oubliez jamais.**

1. Le talent naturel

J'aimerais nous amener à observer la vie des animaux et notamment le comportement naturel de leurs facultés intrinsèques pour expliquer de façon substantielle une réalité humaine. Mais avant tout, il est important de parler de la nature et des phénomènes qu'elle regorge. En effet, la nature regorge de nombreux phénomènes qui reflètent toute une multiplicité de principes propres à la vie humaine, lesquels parviennent à enseigner l'homme tant dans son aspect intellectuel, social, religieux, sentimental, économique que culturel. La nature nous enseigne de façon simple des principes de vie qui pourtant échappent très souvent à l'esprit de l'homme. Généralement, l'on s'inspire de certains phénomènes naturels pour acquérir de la sagesse afin de mieux aborder certaines circonstances de la vie. Par exemple, dans les villages en Afrique, les personnes âgées qu'on appelle communément *"les sages",* usent de certains proverbes, de comptes ou d'énigmes inspirées des phénomènes naturels, pour instruire, éduquer, éveiller, conseiller, réprimander ou corriger les plus jeunes.

Ainsi, on retrouve dans chaque pays du monde de nombreuses pensées inspirées des réalités naturelles locales, c'est-à-dire fauniques, floriques, climatiques etc. En Afrique par exemple, il existe des milliers de proverbes inspirés du comportement de certains animaux aussi bien domestiques que sauvages.

Par exemple, un proverbe Burkinabé dit "Quand l'antilope court, son petit ne traîne pas les pas". Un autre dit "Le vautour a beau voler, il reviendra sur terre."

Un proverbe camerounais dit "La chèvre qui lèche la rosée, finira par arriver au ruisseau."

Un proverbe sénégalais qui m'inspire beaucoup la culture du travail est celui qui dit "Celui qui veut du miel doit avoir le courage d'affronter les abeilles.[7]"

Je pense que la nature est l'un des plus beaux cadeaux que Dieu a donné à l'homme. Elle comporte de nombreuses richesses qui permettent à ce dernier de s'épanouir à tous les niveaux. Elle regorge de multiples richesses. A travers elle, l'homme se nourrit, se loge, se soigne, s'instruit et se recrée (c'est d'ailleurs l'une des raisons pour laquelle je suis passionné par l'écotourisme. J'aime prendre plaisir à contempler la nature et sa biodiversité). Bref, la nature est pleine de richesses. Ce qu'il faut avoir à l'esprit ici, c'est la vérité selon laquelle **tout ce qui est naturel est plein de richesses**!

- ■ *Les animaux*

Dans ce même contexte d'apprentissage de principes de vie basés sur des phénomènes liés à la nature, j'aimerais attirer notre attention sur le comportement et les nombreuses facultés intrinsèques des animaux pour appréhender une réalité humaine et donc universelle. En effet, l'exemple de l'oiseau me semble plus illustratif.

Lorsqu'on étudie la vie d'un animal (domestique ou sauvage), l'on peut bien se rendre compte que ce dernier évolue dans un environnement bien spécifique, se comporte d'une certaine manière, et cela, en fonction de son espèce. Tout animal possède un réflexe naturel qu'on appelle *instinct*, lequel lui permet de chasser pour se nourrir par exemple.

Par ailleurs, ce qui nous intéresse particulièrement ici, c'est l'espèce de l'animal. En effet, l'espèce détermine les facultés intrinsèques de l'animal.

L'exemple de l'oiseau me semble donc plus adapté à l'esprit de cette partie. En effet, l'oiseau est un animal vertébré théropode à deux pattes et à deux ailles, ovipare, au corps couvert de plumes, et qui possède un bec corne dépourvu de dent.

Le fait de voler est une faculté propre à l'oiseau. Cette aptitude naturelle est ce qui le caractérise le mieux. Du comportement naturel de l'oiseau, le monde a bénéficié de l'une des plus grandes inventions humaines, à savoir l'avion (Appareil Volant Imitant Oiseau Naturel). A y réfléchir, on peut bien se dire « *Combien existe-il d'espèces animales dont l'homme pourrait encore s'inspirer du comportement naturel pour créer des inventions extraordinaires afin d'améliorer ses conditions terrestres ?* » C'est extraordinaire ce que la nature offre à l'homme, n'est-ce pas ?

Pour revenir sur notre sujet principal, il faut dire qu'un oiseau vole parce qu'il a en lui une faculté innée qui lui permet de se déplacer d'un point à un autre en usant de ses ailles. Il existe plusieurs espèces d'oiseaux, cependant, ce qu'ils ont tous en commun, c'est cette disposition naturelle à voler. On dira alors que c'est quelque chose de naturel chez la grande famille des oiseaux.

Avec cette habilité à se déplacer d'un point à un autre à l'aide de ses ailles, l'oiseau arrive à faire des choses extraordinaires en un temps record. Un jour, j'ai pris la peine d'observer les mouvements d'un tisserin (*l'oiseau gendarme*) dans le processus de la construction de son nid. En effet, j'ai été marqué par la rapidité, l'aisance et l'assiduité avec lesquelles ce dernier faisait de va-et-vient entre son chantier (le nid en construction) et son lieu d'approvisionnement en matériaux (le palmier). J'ai également pris le temps de constater la précision et la délicatesse avec lesquelles il arrive à couper une tige de feuille de palmier, et ce, avec une telle homogénéité dans les mesures pour la construction de son lieu d'habitation. En effet, le tisserin quitte la branche où il construit le nid et s'envole vers un palmier. Une fois perché sur le palmier, l'oiseau gendarme sélectionne une feuille qui lui est plus accessible aussi bien en terme de distance qu'en terme de finesse, puis la coupe avec son bec en faisant des coupes du haut vers le bas, saisit la tige, et enfin la transporte vers le nid en construction, et tout ceci, en moins de dix secondes. Assez impressionnant ! J'ai dû me demander pendant une quinzaine de minutes d'où lui venait cette intelligence, et surtout cette habilité. J'avoue que j'étais partagé entre *instinct* et *intelligence*. En effet, il est scientifiquement prouvé que les animaux agissent par instinct et non par intelligence. Comme toute faculté naturelle, je pense que l'instinct chez l'animal se développe dans le temps ou au fur à mesure que ce dernier grandit. Dans tous les cas, il reste que cette habilité à effectuer une telle œuvre de manière aussi organisée et structurée a constitué pour moi à la fois une source d'instruction et une source d'inspiration. Je me suis donc dit en moi-même : si l'oiseau arrive à exploiter ses facultés naturelles pour être aussi objectif et performant, combien à plus forte raison devrais-je aussi l'être (objectif et performant), moi qui dispose en plus de l'instinct, de l'intelligence ?

Cette observation a significativement contribué à renforcer l'appréciation de mes potentialités naturelles. Ainsi, une fois de plus, on peut comprendre comment certains phénomènes de la nature peuvent contribuer à enseigner l'homme sur des principes élémentaires de la vie. Ce qu'il faut retenir ici, c'est que, comme tout autre animal, l'oiseau exploite toutes les facultés naturelles qu'il a pour améliorer ses conditions de vie. On doit avoir à l'esprit que **tout ce qui est naturel est riche**. Cette réalité qu'on a constatée chez l'animal est aussi valable chez l'homme.

- ■ *L'homme*

L'homme est l'être vivant qui a été créé à l'image du Dieu créateur. A la différence de l'animal, l'homme est doté d'intelligence. Robert William dit

« ..*tous les hommes, (hommes et femmes) possèdent un don naturel depuis la naissance. On appelle ce don naturel, le talent. Cela veut ainsi dire qu'aucun être humain n'est venu sur cette terre les mains-vides. Le talent que vous possédez est la monnaie que le créateur de l'univers vous a donnée pour marchander tout au long de votre vie. Rick Warren dit 'vos aptitudes sont les talents naturels avec lesquelles vous êtes nées.' vous avez tellement de choses pour lesquelles vous devriez être passionnés...Vous devenez une étoile le jour où vous découvrez ces talents.[8]* »

En effet, l'homme possède au moins un sinon plusieurs talents enfouis en lui. Ces talents constituent pour lui des précieuses ressources naturelles, qui sont là pour lui permettre de produire de grandes choses ; de faire de grandes réalisations. Je pense qu'une ressource naturelle est un potentiel offert par Dieu qui est enfoui dans la nature. Elle regorge de grandes richesses, et par conséquent est appelée à être exploitée pour divers usages. Elle peut également être transformée pour d'autres types d'usage. Ceci est une réalité qui sied également au contexte de l'être humain. Le potentiel qui réside en l'homme est une source de richesse, et donc, une ressource susceptible d'améliorer ses conditions de vie. Ainsi est le monde ; rempli d'innombrables talents valorisés chez les uns et sommeillant chez les autres.

En établissant un rapport analogique entre l'animal et l'homme, on peut dire, comme l'oiseau, l'homme dispose de plusieurs facultés naturelles. Ce qui le distingue de l'animal est qu'en plus des facultés physiques et instinctives, ce dernier dispose de plusieurs facultés intellectuelles, ce qui le place largement au-dessus de tout être vivant sur cette terre. L'homme peut donc avoir un talent de créativité dans les domaines de la peinture, la musique, la cuisine, dans l'écriture, la danse, la couture, dans la gestion des hommes, dans la communication et dans bien d'autres. L'homme dispose de plusieurs talents naturellement implantés en lui. Toutes ces ressources naturelles font de lui, un être unique et puissant. L'homme transforme l'environnement. L'homme crée des inventions matérielles (des immeubles, des gratte-ciels, des chemins de fer, des autoroutes etc.); des inventions liquides (des jus naturelles, boissons gazeuses, des vins etc.); des inventions électroniques et technologiques (des appareils photos, des caméras, des téléphones portable, le système virtuel etc.). Bref, l'homme est doté d'un potentiel de création incroyablement gigantesque. Pourtant, ce potentiel naturel reste très complexe et pour beaucoup de personnes victimes du système, il s'avère encore assez inconnu et inexploité. Le potentiel de l'homme est assez complexe, on ne peut ni le quantifier ni le mesurer mais une chose est sure, on peut *le découvrir, l'exploiter et le valoriser*.

Chaque être humain (individu) est doté de certaines capacités naturelles uniques et propres à lui. C'est en effet, cette disposition naturelle qui fait de lui ce qu'il est. C'est ce qui le définit le mieux dans la société. *Le talent naturel est ce qui donne à l'homme un sentiment d'estime de soi, d'utilité et d'importance dans la société*. Le talent n'est pas seulement utile pour le développement personnel du détenteur, mais il l'est aussi pour la société dans laquelle celui-ci évolue, et par extension, pour le monde. C'est d'ailleurs la raison pour laquelle l'État s'investit autant dans l'éducation de la population, car sans éducation il n'y a pas de développement. L'individu (l'homme) doit donc découvrir son talent, le développer et l'exprimer. C'est aussi l'une des raisons qui expliquent la configuration conventionnelle du système pédagogique que l'on retrouve dans le domaine de l'éducation.

2. L'identification du talent par l'autre

Le talent est comme une lumière qui ne peut passer inaperçue.

Généralement, les autres le voient mais nous, on le ressent. Ceci est un fait assez habituel chez l'homme; on a souvent du mal à voir sinon à apprécier ce que l'on a à disposition, et parfois ce que ce l'on est en réalité. Cela s'illustre le plus souvent lorsqu'on est face à l'autre. Cependant, le talent reste toujours présent en nous et plus on le développe, mieux nous le rendons visible et ce, consciemment ou inconsciemment.

Par exemple, Lorsque des petits enfants âgés de 12 à 14 ans jouent au football dans une cour, on peut, après avoir observé pendant une bonne dizaine de minutes les performances de chacun d'eux, affirmer que tel est talentueux à poste, et que tel autre à tel autre poste. Et pour une personne qui s'y connaît (un footballeur expérimenté), celle-ci peut littéralement déceler et prédire l'avenir de l'un ou de l'autre. En effet, ceci est très habituel dans le contexte professionnel où l'on assiste à toute une séance de détection de jeunes talents par les sélectionneurs lors des petites compétitions par exemple. Le joueur le plus performant généralement fait l'objet de l'appréciation de tout potentiel sélectionneur aussi bien chez ceux qui sont dans les tribunes que chez ceux qui le suivent devant leur petit écran.

Témoignage :

Pour avoir été volontaire au compte de la commission protocole lors de la Coupe d'Afrique des Nations (CAN Total Gabon 2017, U-17), j'ai pu observer de façon générale, comment les sélectionneurs procèdent lorsqu'ils s'intéressent particulièrement à des joueurs talentueux et performants. Généralement, avec la feuille de match en main, ils prennent le temps d'observer le comportement des joueurs et parfois celui d'un joueur particulier dont ils ont déjà entendu parler. Ils l'analysent et l'évaluent tout au long du match puis, s'ils en sont convaincus, s'engagent dans un processus de "recrutement." Ce principe de détection de talent s'applique dans tout sport, et par extension, dans tout domaine d'activité. Voici présenté de façon substantielle un exemple de détection du talent d'un individu par d'autres personnes.

Je pense que chaque être humain est appelé à découvrir le ou les nombreux talents qui sont naturellement implantés en lui, et ce, aussi bien pour son propre développement que pour celui de la communauté à laquelle il appartient. Cela nous permet de comprendre l'existence d'un intérêt partagé entre l'individu (le citoyen ou la citoyenne) et la communauté (la société). Ainsi, l'identification du talent d'un individu apparaît être l'affaire de plus d'une personne. D'où l'instauration d'un "*système de détection de talent formel*", mise en place par l'État pour assurer le développement de la société. Ce système se trouve dans ce qu'on appelle communément "*l'école*" (l'éducation).

- *L'école (l'éducation)*

L'école est un lieu d'apprentissage. L'école peut désigner tout établissement où l'on enseigne des élèves (écoles primaires, ou centres de formation) ou un lieu où l'on dispense de la connaissance à des étudiants (grandes écoles et universités). Par ailleurs, il est important de souligner qu'en plus d'être un lieu physique, l'école peut être aussi un lieu moral. Cela étant, il faut dire que la vie en elle-même constitue une véritable école du fait de toutes les leçons qu'on peut en apprendre de chaque circonstance ou difficulté rencontrée en chemin. Je me souviens encore de cette phrase "*il y a la vie de l'école et l'école de la vie*". Cette vérité m'a beaucoup marqué et m'a permis de réaliser son effectivité dans la société. En effet, la vie de l'école ici renvoie à toutes les activités que l'on retrouve dans un cadre purement scolaire ou académique. On pourrait dire l'ensemble des pratiques propres à cet environnement. On parle d'élève, d'étudiant (e), d'enseignant (e), de professeur, de devoirs, d'examens, de moyennes, de passage en classe supérieur, de réussite ou d'échec. Bref, tout un lexique qui donne une image de l'école dans son sens le plus formel.

Cependant, la vie en société impose à l'individu (cela ne dépend vraiment pas de lui) un processus d'apprentissage multidimensionnel, avec « un programme journalier chargé de plusieurs leçons ». On a ainsi la vie dans son aspect physiologique, émotionnel, moral, mental, sentimental, marital, professionnel, relationnel, financier, spirituel etc. Voilà autant de matières que nous présente le programme académique de « l'école de la vie », chacune avec ses épreuves, en son temps, et tout cela, afin d'évaluer la maturité de l'individu. En effet, c'est toute une série de leçons à apprendre au travers des nombreux aléas de la vie. Les échecs et les erreurs sont souvent des signes qui marquent l'effectivité de ce processus d'apprentissage dans la vie de l'homme. Lorsque j'étais un peu plus jeune, j'avais été marqué par un propos d'un personnage dans un dessin animé, lequel disait *"c'est en faisant des erreurs qu'on apprend à ne plus en refaire"*. La vie est effectivement faite d'expériences caractérisées par de nombreuses erreurs, lesquelles favorisent l'acquisition de la sagesse chez l'individu.

Toutefois, qu'il s'agisse de *la vie de l'école* ou de *l'école de la vie*, il existe un point commun entre ces deux faits : la notion d'**apprentissage**. En effet, apprendre est un processus par lequel un apprenant acquière de la connaissance. Cela étant, lorsqu'on parle d'apprentissage, on parle de *formation*, c'est-à-dire l'action de former ou d'être formé par l'information. Une fois de plus, on peut s'appuyer sur ce principe développé par le Docteur Myles Munroe qui met en évidence les notions suivantes que sont l'information, la compréhension et l'application.

Il est important de définir ces concepts.

- **L'information:** L'information est une idée ou un ensemble d'éléments qui procurent une certaine connaissance. L'information permet d'être édifié ou d'être instruit sur un sujet donné.
- **La compréhension:** La compréhension est le fait d'avoir saisi le sens ; l'essence de l'information reçue sur un sujet donné.

- **L'application:** L'application est la mise en exécution de la compréhension de l'information reçue. Elle est la pratique de la connaissance acquise sur un sujet donné.

Il est important de dire qu'on peut avoir une compréhension théorique, tout comme on peut avoir une compréhension pratique. La compréhension théorique est la connaissance, et la compréhension pratique quant à elle, est la compétence, c'est-à-dire la capacité d'appliquer la connaissance.

En fait, tout ceci n'est fait que dans un seul et unique but : amener l'individu à apprendre tout ce qui lui est nécessaire pour sortir le potentiel qui est naturellement enfoui en lui, et ce, en vue de son développement personnel et de celui de la société. Ce fait est mieux illustré par le système pédagogique que l'on retrouve dans le domaine de l'éducation. Ce système s'appuie naturellement sur ces trois notions du principe d'apprentissage que l'on a précédemment vu.

- *Le système pédagogique de l'éducation (l'école)*

Dans le système pédagogique lié au domaine de l'éducation, le processus d'apprentissage s'articule essentiellement autour de ces trois notions que sont : l'information, la compréhension et l'application. Ces notions constituent les différentes étapes du processus de formation. En effet, l'enseignant donne un cours en fournissant des informations, des explications et des illustrations dans l'optique d'amener l'apprenant à recevoir l'information (la connaissance), de la comprendre afin l'appliquer. Après avoir enseigné et s'être rassuré de la compréhension de l'apprenant, l'enseignant peut à ce niveau procéder à une évaluation ou à un contrôle de connaissance.

Ce qu'il faut comprendre ici, c'est que le système pédagogique dans le domaine de l'éducation a pour objectif principal de fournir de la connaissance à l'élève afin d'amener ce dernier à extérioriser les facultés naturelles enfouies en lui.

Par ailleurs, le système est traduit par un programme académique qui présente une diversité de matières à l'élève, et tout ceci, bien entendu, en fonction de l'intérêt socio-économique du pays où l'on se trouve. Autrement dit, la configuration du programme varie d'un pays à un autre en fonction du contexte culturel, social, économique, politique, historique, géographie et religieux. Ainsi, dans un pays dit "Chrétien" par exemple, l'enseignement de certains préceptes ou de certaines valeurs bibliques en milieu scolaire est une pratique tout à fait naturelle. C'est le cas des écoles catholiques.

Dans d'autres pays, l'enseignement des langues locales en milieu scolaire est une pratique exigée par le gouvernement dans une optique de sauvegarde de la culture locale et de l'unité nationale par exemple. Ceci est très fréquent dans bon nombre de pays africains.

Ariane Poissonier dit dans l'un de ses articles « Là où le français a un statut de langue officielle, co-officielle ou est utilisé comme langue administrative, il est enseigné comme langue seconde, dès le primaire, à des élèves qui ont une langue locale comme langue maternelle, première. C'est le cas des pays d'Afrique sub-saharienne anciennes colonies de la France.[9]».

Néanmoins, quel que soit le pays, le fond du système reste le même; on présente à l'élève une panoplie de matières ou encore de disciplines d'apprentissage dans lesquels ce dernier, est enseigné et évalué, et cela, sur la base du principe de l'information, de la compréhension et de l'application. Les résultats des performances de l'élève déterminent donc son passage en classe supérieur et son orientation. Plus l'élève évolue, mieux l'on se rend compte qu'il est dans un processus de spécialisation. En effet, lorsqu'on tient compte du cheminement que présente le système éducatif, on comprend clairement que le but ici est réellement d'amener l'élève (l'individu) à faire ressortir son ou ses talents, mieux sa voie de réussite au travers des nombreux outils intellectuels fournis par l'école. Une fois de plus tout cela va dans le sens de favoriser son développement en particulier et celui de la société en général. J'avoue que je suis tenté de dire « *pour l'individu en général et pour la société en particulier* ». (A y méditer!)

Cela s'illustre tout simplement par l'idée de spécialité à un certain niveau d'étude. En effet, il est clair qu'on ne peut pas parler de spécialité s'il n'y a pas de performances avérées dans tel ou tel autre domaine. Dans le contexte de l'enseignement général en Afrique francophone par exemple, en l'occurrence au premier cycle du secondaire (Troisième), l'élève en situation de passage en classe supérieur, est systématiquement orienté vers une série adaptée à ses aptitudes dans telle ou telle autre catégorie de matière. On parle de matières scientifiques (Mathématiques, Physique, Science de la vie et de la terre etc.) et de matières littéraires (français, anglais, Espagnole, Allemand etc.). Ainsi, sur cette base, l'élève est orienté soit vers la série scientifique ou vers la série littéraire.

Le même principe d'orientation se présente encore au niveau du second cycle et précisément dans le cas des élèves en situation de passage en Première. A ce niveau, on parle pour les littéraires de série A1 (semi-littéraire), de série A2 (littéraire), de série B (économique), et il faut noter qu'à ce niveau d'étude, il y a une ou des nouvelles matières qui s'ajoutent ou qui se retranchent. Chez les scientifiques par contre, on parle de série S et de série D. Il faut aussi dire qu'ici, les niveaux de coefficient changent en fonction des spécialités tout comme dans le premier cas.

Une fois arrivés en classe de Terminale, les élèves sont généralement entretenus par des conseillers d'orientation (dans certains pays africains). En effet, un conseiller d'orientation est un professionnel dans le domaine de l'éducation qui fournit des conseils aux élèves sur leur orientation universitaire. Le conseiller d'orientation ici contribue à fournir des outils nécessaires à la floraison du potentiel de l'élève (le détenteur du talent). Il faut dire que rien n'est fait de façon hasardeuse; les aptitudes et les performances de l'élève ne sont que le reflet des facultés naturellement implantées en lui. La connaissance qu'il reçoit par le biais de l'école, n'est qu'un amplificateur qui lui permet de rendre le potentiel manifeste (visible), et par conséquent, sujet d'intérêt, voire de convoitise pour la société.

Par ailleurs, arrivé au niveau universitaire, le nouvel étudiant est soumis au même principe mais cette fois-ci dans un cadre beaucoup plus large. Cependant, l'idée de spécialisation est toujours au rendez-vous et fortement intégrée dans le système. Parlons par exemple du système LMD, c'est-à-dire le parcours Licence, Master et Doctorat dont les principales caractéristiques se résument dans les points suivant:

« *Le cursus d'enseignement et de formation est organisé en semestres; la Licence comporte six semestres, le Master quatre et le Doctorat six.*

À l'exception du doctorat où les programmes de formation sont étroitement liés à la spécialité, la formation en Licence et Master est basée sur des unités d'enseignement englobant des matières scientifiques.

Les unités d'enseignement se composent de :

1. L'unité fondamentale: Cette unité comporte des programmes d'enseignement fondamental liés à la spécialité.

2. L'unité de découverte: Celle-ci permet à l'étudiant la fois d'approfondir ses connaissances dans la spécialité et d'acquérir des savoirs d'autres parcours.

3. L'unité de méthodologie et de culture générale: Par contre, cette unité offre un double avantage aux étudiants : d'une part, se familiariser avec les outils indispensables à la recherche scientifique et d'autre part, acquérir l'autonomie nécessaire pour le

travail personnel (informatique, statistiques, méthodologie de la recherche, langues étrangères...)[10] »

On s'aperçoit bien que le but ultime de ce système n'est rien d'autre que la spécialisation de l'étudiant (e). Or *rien ne peut rendre une personne spécialiste ou « spéciale » si ce n'est ce qui lui est propre et naturel*. Je vous invite à méditer là-dessus pendant quelque minute....!

Vous convenez avec moi, qu'aucune raison ne peut expliquer le fait qu'une personne parvienne à un tel niveau d'étude, c'est-à-dire passer 8 années d'études universitaires (pour rester dans le contexte du système LMD), si cela n'est sous l'impulsion de son talent, qui lui, est alimenté par la connaissance fournie par l'éducation. On ne peut pas se spécialiser sans être conscient de ses forces, mieux de la force de son potentiel ou de son talent. Prendre conscience de la valeur de son talent est donc un facteur déclencheur de son développement personnel. L'information fournie par l'éducation joue ainsi un rôle capital dans la vie d'un citoyen, d'une communauté, d'une population, voire d'une nation. L'éducation est la ressource fondamentale du développement d'un pays. Elle est l'infrastructure de base d'une grande nation, car elle contribue à déceler des leaders, des penseurs, des inventeurs, des entrepreneurs, des initiateurs, des concepteurs, des porteurs de changement. Souvenons encore de ce que Nelson Mandela disait à propos.

Comme une ressource naturelle quelconque, le talent de l'homme est une richesse naturelle enfui dans le sol de son intelligence que l'éducation arrive scolairement à sortir de lui. C'est la raison pour laquelle ce proverbe chinois dit « celui qui sait qu'il ne sait pas, éduque-le. ».

L'école doit amener l'individu à réaliser qu'il est important pour la société, c'est-à-dire que son talent (potentiel) est utile au développement de celle-ci.

Cependant, qu'en est-il de celles et ceux qui malheureusement n'ont pas pu trouver leur compte dans le programme académique offert par le système éducatif de leur pays? Qu'en est-il de toutes celles et ceux qui n'ont pas pu finir leur cursus scolaire ou universitaire par faute de moyens ou pour plusieurs autres raisons indépendantes de leur bonne volonté ? Qu'en est-il de toutes ces personnes qui ont été mal orientées soit par leurs proches ou par eux-mêmes, et qui ignorent toujours leur potentiel ? Qu'en est-il de toutes ces personnes qui n'ont pas eu la grâce de mettre pieds dans une salle de classe ? Qu'en est-il de tous ceux-là qui veulent se réinsérer dans la société ? Bref, on pourrait en faire tout un chapitre si l'on devrait lister tous les cas de figures possibles. Mais une chose est vraie : tout être humain quel que soit sa situation social, linguistique, physique ou géographique, dispose d'un potentiel naturellement enfoui en lui qui n'attend qu'à être premièrement découvert, ensuite développé, et enfin valorisé de façon **honnête**, **digne** et *juste*.

En cette ère du vingt-unième siècle où l'entrepreneuriat constitue la préoccupation majeure des gouvernements à travers le monde, il est désormais plus que capital, que chaque individu prenne conscience de l'importance de son développement personnel, car à la lumière de ce qui a été dit jusque-là, l'on peut clairement dire que le développement de la société dans laquelle il (l'individu) évolue en dépend. L'individu doit donc découvrir son talent. En dépit des circonstances de la vie, lorsqu'on y met de la volonté, on y arrive certes lentement mais sûrement. L'identification de son talent naturel ou de son potentiel est donc l'une des choses les plus importantes dans la vie de l'homme, car découvrir son talent, c'est trouver le sens de son utilité dans la société.

3. L'identification du talent par soi-même

On a vu dans la partie précédente que l'éducation contribue

d'une manière importante dans la détection du potentiel implanté en l'individu (le citoyen), et ce, grâce à son système d'apprentissage scolaire. Cependant, malheureusement jusqu'à ce jour, l'accès à l'éducation n'est pas toujours donné à tous et même lorsque c'est le cas dans certaines régions du monde, les conditions d'apprentissage en place ne favorisent pas toujours une orientation sereine chez l'élève ou l'étudiant. C'est un phénomène très fréquent dans bon nombres de pays africains. Par ailleurs, ce n'est pas toujours chose facile pour les personnes non-scolarisées. Mais, une fois de plus, lorsqu'on a à l'esprit l'existence d'un potentiel naturellement implanté et sommeillant en nous, je pense qu'on devrait s'engager à le rechercher avec soin, le développer avec diligence et le valoriser avec dignité pour en tirer le profit qui nous est dû.

Comme nous l'avons constaté, le développement du potentiel d'un individu est largement déterminé par l'information que ce dernier reçoit dans son cerveau. On a compris que l'école est cette plateforme qui contribue à lui fournir la connaissance nécessaire à cette noble ambition personnelle. Mais on doit également comprendre que de nos jours, l'information susceptible d'éveiller l'esprit citoyen de l'individu devient de plus en plus multiforme et provient de sources de plus en plus variées. De ce fait, la personne en situation de recherche de son potentiel doit user d'une méthode pour atteindre cet objectif légitime et noble. Mais avant tout, il est important d'avoir à l'esprit la notion du travail pour mieux appréhender les points développés dans les lignes qui suivent.

■ Le travail

Le travail est défini comme étant un labeur, un effort fourni pour la réalisation de quelque chose. C'est l'application à une tâche en vue d'un certain résultat. La notion du travail est universelle et propre à tout être humain. L'homme mangera à la sueur de son front.

Le travail implique la notion de l'investissement à faire, du sacrifice à payer avant d'obtenir le résultat souhaité. Ce principe universellement consacré s'applique dans tous les domaines de la vie, aussi bien sur le plan professionnel que sur les plans éducatif, émotionnel, intellectuel et relationnel. Tout travail génère un résultat et généralement proportionnel à la quantité d'effort ou du niveau d'investissement fourni à cet effet. On entend très souvent dire ici et là "le travail paie ! ". En effet, tout travail produit est comme une semence plantée dans la nature qui nous sort toujours une plante du sol au temps favorable. On récolte donc ce que l'on a semé.

Par ailleurs, le résultat d'un travail abattu de façon dévouée, digne et honnête, procure un sentiment de satisfaction et d'honneur, voire de fierté envers soi-même. Le travail est donc une source de joie, car le profit qu'on en tire contribue à notre bien-être de façon générale.

Arthur Brook fait une remarquable apologie de la notion du travail dans son livre *The Conservative Heart* en disant ceci :

> « *Poser des actes de charité est une chose importante. Cependant, ce dont le pauvre a réellement besoin est l'investissement. C'est la raison pour laquelle les conservateurs mettent un accent particulier sur le travail comme étant la solution principale au problème de la pauvreté, et la raison pour laquelle le travail constitue l'idée centrale de ce livre. Comme je vais l'expliquer en profondeur, il existe deux type de personnes dans le monde: celles qui pensent que le travail est une punition et celles qui considèrent le travail comme une bénédiction.....Ce qui rend les hommes et les femmes vivants, ce qui leur procure de la dignité,*
>
> *du bonheur et un sens d'estime de soi, c'est le travail.* [11]»

En effet, pour certains, le travail apparaît comme une sorte de châtiment et du coup, donne une conception négative de la chose et affecte systématiquement leur comportement dans l'exécution de leur tâche, la rendant ainsi infructueuse. Par exemple dans le contexte scolaire, l'élève qui travaille avec un tel état d'esprit obtient très souvent des résultats différents de celui qui travaille avec la mentalité selon laquelle « *il aime ce qu'il fait* ». C'est un fait tout à fait psychologique et mental. Il est dit dans les Saintes Ecritures *"Tel un homme pense, tel il est."*. Ce qu'il faut comprendre ici, c'est que tout se trouve dans la tête de l'individu. La réussite et l'échec d'un travail à faire sont ainsi déterminés par le type de mentalité de la personne concerné, et cela, quel que soit le contexte.

On peut faire ce constat partout : ceux qui considèrent le travail comme une punition, ont généralement du mal à éprouver du plaisir, de la dévotion, de l'enthousiasme, et surtout de la paix dans leur travail. Ce phénomène est assez fréquent dans le contexte professionnel où certains travailleurs passent plus de temps à se plaindre de leurs conditions, à se lamenter de leur sort, à s'irriter contre tout le monde, et finalement, à polluer leur environnement de travail. De tels agissements sont des symptômes qui émanent de cet état d'esprit.

A la différence de ce type d'employés, ceux qui considèrent le travail comme une bénédiction, manifestent généralement plus de tempérance, plus d'espoir, plus de paix et plus d'effort à sourire même lorsque rien ne semble marcher.

Il est vrai que le travail soumet l'homme à une certaine peine et discipline qui peuvent lui coûter à la fois sa force physique et mentale, ce qui n'est pas toujours chose facile. Toutefois, s'il y a une chose à retenir au sujet du travail, *c'est que le travail paie !*

■ *Le potentiel naturel*

Il nous a paru fondamental de parler du travail avant d'aborder le sujet lié au potentiel naturellement implanté en l'homme. Comme nous l'avons vu dans les pages précédentes, tout être humain dispose d'un patrimoine naturel en lui. Ce patrimoine comporte les talents de ce dernier. Cette réalité est exactement parallèle à celle qu'on constate dans la nature. Le sol (la terre) regorge de nombreuses ressources naturelles riches et impressionnantes. Mais pour arriver à faire leurs découvertes, la notion du travail doit nous être impérativement familière.

En ce qui concerne les talents naturels de l'homme, il faut dire que dès lors que celui-ci a atteint l'âge de la conscience, il peut lui-même commencer à creuser le sol de son intelligence pour découvrir les nombreux trésors naturellement enfouis en lui (le talent extraordinaire et unique qui sommeille en lui). **N'oublions pas, tout ce qui est naturel est riche et original.**

Pour découvrir son potentiel naturel, il faut premièrement arriver à identifier tous les éléments liés à l'existence de ce potentiel en nous. Généralement, ils ne passent pas inaperçus, il suffit d'y prêter minutieusement attention. Il existe toute une multitude de choses en nous susceptibles de nous révéler nos talents, mais à mon avis, je pense qu'on peut facilement arriver à les identifier à l'aide de ce que j'appelle la *théorie des trois "P"*, à savoir la Passion, la Paix et la Puissance.

■ La Passion :

La passion est une inclination, un penchant ou un goût que l'on éprouve envers quelque chose de précis. John Mason dit « Dieu a mis en chaque personne le potentiel d'être passionné. Un individu passionné est plus grand que la force massive de quatre-vingt-dix-neuf (99) autres qui n'ont seulement qu'un intérêt. ».

Être passionné de quelque chose vous conduit à développer instinctivement des facultés naturellement intégrées en vous pour une cause bien spécifique. Lorsqu'on est passionné de football par exemple, on est toujours poussé à vouloir faire des choses extraordinaires, et donc, poussé à la culture de l'excellence dans ce domaine.

Cette réalité se donne à voir également dans les cadres éducatif et professionnel. En effet, il existe une large différence entre un apprenant non passionné et celui qui a une passion pour l'objet de son étude. On peut constater que la personne qui n'éprouve pas de passion pour ce qu'elle apprend, a généralement tendance à le faire (apprendre) d'une manière beaucoup plus scolaire. De plus, dans cet état d'esprit, cette personne a tendance à voir l'école comme un fardeau assez lourd et cela est plus manifeste lorsqu'il s'agit de passer une épreuve (devoirs, interrogations ou examens). Pour ce type d'apprenant, l'éducation s'avère être une véritable punition; on n'est pas loin de dire que pour une telle personne, la notion de travail perd sa valeur et son sens. Cela se manifeste le plus souvent par la paresse, l'inconstance, la négligence, l'indiscipline et autres.

En revanche, l'apprenant passionné lui, a tendance à aborder la vie scolaire ou universitaire (les études) d'une manière beaucoup plus objective et disciplinée et cela, à cause de l'amour de son objet d'étude et surtout des ambitions personnelles qu'il en formule.

Dans le cadre professionnel, on peut constater très souvent chez le travailleur qui manque de passion, un manque de culture d'excellence. C'est-à-dire que ce travailleur a tendance à donner de son minimum dans l'exécution de sa tâche tandis que celui qui éprouve de l'enthousiasme pour son travail, mieux, de la passion pour son métier, aura lui, tendance à donner le meilleur de lui. En effet, ces deux cas de figure me semblent assez illustratifs, car cela décrit tout simplement une réalité tout à fait observable dans nos sociétés actuelles. J'ai personnellement expérimenté cette réalité, et ce, avant de faire la merveilleuse découverte de ma passion, laquelle m'a permis d'identifier mon potentiel (on en parlera dans le cinquième chapitre).

Il est donc important dans ce processus de détection de talent, d'identifier ce qui fait quotidiennement l'objet de notre passion, et ce, dans tout ce qui est honnête, digne et juste.

Vous avez certainement une activité que vous aimez bien entreprendre en dépit du caractère limité de vos moyens. Chaque matin au lever du soleil, vous aimeriez vous précipiter à aller faire cette chose qui vous procure une joie et un enthousiasme inqualifiable.

Vous pouvez passer toute une journée à en parler avec votre conjoint, vos parents, vos amis ; bref, à tout le monde sans même montrer un quelconque signe de fatigue.

Vous avez comme l'impression que lorsque vous vous y mettez, vous retrouvez votre raison d'être.

En effet, vous avez comme l'impression que vous avez été créé pour cela, et que sans vous, cette chose n'aura également pas sa raison d'être. Il y a comme un rapport profond entre vous et la chose. Il y a comme une relation intimement précieuse que vous n'aimeriez partager avec personne d'autre que vous même. Cette chose est comme un feu qui vous allume chaque fois qu'on peut dire "aujourd'hui". *Ceci est l'objet de votre passion*. Elle vous permet de découvrir le potentiel naturel qui est en vous. Allez, ne perdez plus de temps, commencez à creuser le sol de votre intelligence !

■ **La Paix :**

La paix est une tranquillité intérieure de l'âme. Lorsqu'on éprouve une certaine sérénité et une certaine tranquillité d'esprit et d'expression de sa passion, cela traduit tout simplement la *naturalité*, la *normalité*, la *vitalité*, l'*authenticité* et la *légitimité* du notre potentiel, car tout ce qui est naturel ne peut causer de troubles internes quelconques chez un être humain en général et chez une personne passionnée en particulier. La paix de l'âme est donc l'indicateur le plus fiable lorsqu'il s'agit de la découverte et de l'affirmation de sa passion dans ce qui est honnête, digne et juste.

Par contre, le manque de paix quant à lui pourrait s'expliquer par deux facteurs majeurs en présence ; d'une part l'influence des autres comme le fait d'avoir peur d'échouer, et d'autre part, la violation de ce qui ne nous est pas naturel comme le fait de copier la passion d'une autre personne.

Ressentir de la paix en son for intérieur tout en exprimant sa passion pour quelque chose, est un facteur qui assoit d'avantage de la confiance chez la personne concernée et cette dernière la conduit systématiquement à l'action. A ce niveau, plus rien ne peut arrêter une telle personne dans son élan.

■ La Puissance :

La puissance est le pouvoir de faire une chose. C'est la force avec laquelle l'on parvient à affirmer son autorité ou son pouvoir dans un domaine donné.

Lorsqu'on est passionné d'une chose, on a toujours de la force pour agir en conséquence de l'intérêt que nous portons à l'égard de celle-ci. Ici, la puissance fait référence à la capacité d'agir, c'est-à-dire d'exprimer en action, sa dévotion envers quelque chose. La notion de l'action est capitale lorsqu'il s'agit d'exprimer sa passion.

Lorsqu'on est passionné, on a de la force dans l'action, on est capable d'accomplir une réalisation qui pourrait même nécessiter l'intervention de plusieurs personnes. Une personne qui a de la passion pour tel ou tel autre domaine, a du zèle, de la force, et surtout de la détermination à aller loin en dépit des obstacles en présence.

Qu'est-ce qu'il faut retenir de la théorie des trois "P" ?

Il est très important de cerner l'esprit de cette théorie et de l'appliquer dans un contexte personnel, et ce, avec concentration, sincérité et objectivité. Cela revient donc à entrer en soi-même. Faites ceci :

1- Mettez sur écrit tout ce que vous aimez faire (toute activité dans laquelle vous éprouvez du plaisir, de la paix, de la joie, de la force et de l'énergie).

2- Faites un exercice de catégorisation en allant de ce qui vous allume le plus à ce qui vous allume le moins : mettez-en dans un groupe tout ce qui va ensemble et classez- les par ordre d'intérêt.

3- Regroupez (dressez une liste si possible) tout support susceptible de vous fournir plus amples informations sur le domaine qui correspond à l'objet de votre passion (Supports écrits: Livres, Magazines, Articles etc.; Supports audio-visuels: Radios et Chaînes télévisés; Supports technologiques: Sites internes et applications à caractère didactique; Supports humains: Renseignements)

4- Cultivez-vous de manière scolaire (organisée, disciplinée et objective) et stratégique dans "votre domaine" à l'aide des supports à votre disposition.

5- Fixez-vous un objectif à long terme (Faites-vous une vision de vous à long terme).

Faites cet exercice, j'insiste, de manière concentrée, sincère et objective, et s'il le faut, déconnectez-vous de tous types de distraction autour de vous en vue du succès de ce travail de découverte des ressources naturelles implantées en VOUS. *Ne l'oubliez jamais, tout ce qui est naturel est plein de richesses.*

A ce niveau, nous sommes dans la phase liée à la découverte du potentiel naturel donc, *"J'apprends"*.

III.   Intégration à une organisation

Nous avons compris que l'individu lui-même a la possibilité de découvrir le potentiel naturellement implanté en lui par le canal de la culture de la recherche de l'information, car sans information, il n'y a pas de connaissance. Cette culture de la recherche de l'information basée sur la théorie des trois "P" donne ainsi à toute personne en situation d'initiation à l'entrepreneuriat, d'utiliser une méthode d'apprentissage qui met en exergue la découverte, le développement et la valorisation du talent. Jusque-là, nous avons abordé l'aspect lié à la découverte. Maintenant, intéressons-nous au développement du talent.

La meilleure approche d'apprentissage consiste fondamentalement à manifester la volonté de se faire former. Comme je l'ai dit dans les pages précédentes, la formation c'est l'action de former ou de se faire former par l'information. A ce niveau de l'approche CIDC, il s'agit de l'information nécessaire au développement du potentiel. Pour ce faire, l'approche recommande l'intégration à un groupe de personne formellement constitué à l'exemple d'une structure associative évoluant dans votre domaine d'intérêt, c'est à dire le secteur d'activité qui correspond à l'objet de votre passion. Nous sommes ici dans le contexte de l'entrepreneuriat social.

Mais avant tout, pour tout débutant ou personne en manque de méthode, Il est indispensable de cerner la notion de modèle.

1. Un modèle

Un modèle est une personne qui sert d'exemple à suivre. Un modèle est une source d'inspiration, c'est-à-dire qu'il ou elle suscite l'envie de réussir. Un modèle sert de repère.

Dans la vie de façon générale, il est important d'avoir un modèle dans chaque domaine si possible. Le modèle sert de référence. Un modèle est une personne qui inspire à bien faire sinon à mieux faire.

Votre modèle peut être une personne physique avec qui vous avez un contact réel ou une personne virtuelle que vous voyez soit à la télévision ou sur internet, ou encore que vous écoutez à la radio. Un modèle est une personne dont on imite la méthode pour réussir.

Dans le contexte de l'entrepreneuriat, avoir un modèle est un principe capital, car il permet à l'entrepreneur d'avoir un idéal, et surtout de mieux orienter sa vision. En effet, cela constitue pour ce dernier une source d'inspiration et de motivation. Aussi, avoir un modèle signifie avoir un objectif. On ne peut pas avoir un modèle et ne pas se fixer des objectifs, soit pour atteindre le niveau de ce dernier (le modèle) ou pour aller plus loin. Ne pas avoir d'objectifs lorsqu'on a un modèle, n'est que perte de temps et d'énergie; c'est indirectement désirer quelque chose sans réellement manifester la volonté de l'obtenir. C'est par exemple admirer *Aliko Dangote* (l'homme le plus riche d'Afrique) comme modèle de réussite dans l'entrepreneuriat, sans pourtant formuler l'ambition de faire quelque chose à votre niveau pour tendre vers son modèle de réussite. En fait, avoir un modèle prend tout son sens dans votre capacité à agir en réponse à l'inspiration et à la motivation que vous tirez de ce dernier.

En effet, si vous suivez une personne qui vous inspire à entreprendre et à réussir dans un domaine qui vous passionne, cela veut donc dire que vous devez aspirer à faire comme ou mieux que celle-ci. Il est clair que vous ne serez jamais une copie originale de cette dernière. Cependant, l'avoir comme modèle de réussite vous permettra d'aller plus loin dans votre aventure entrepreneuriale. ***N'oubliez pas que tout ce qui est naturel, est riche, original, et donc, unique.*** Vous pouvez donc vous en inspirer pour développer ce qui vous est propre. Vous êtes une copie originale de vous-même.

Pratiques recommandées :

1. Observez la manière avec laquelle votre modèle exprime sa passion. (Observez sa détermination à réussir.)
2. Inspirez-vous de son modèle pour l'appliquer dans votre contexte. (Contextualisez votre idéal.)
3. Gardez le cap. (Restez focalisé sur votre objectif ultime.)

"Fixer toujours votre regard sur votre objectif ultime."

Pour un débutant, avoir un modèle dans l'entrepreneuriat est une bonne chose. Cependant, avoir un mentor est encore mieux.

2. Un Mentor

Un mentor est une personne qui sert de guide et de conseiller à une personne inexpérimentée. De par son expérience, le mentor contribue à l'évolution d'un apprenti dans un domaine bien spécifique.

Dans le domaine de l'entrepreneuriat, un mentor est une personne d'expérience et un modèle dans un secteur bien spécifique qui exerce une influence positive sur le jeune entrepreneur inexpérimenté. Il (mentor) est pour ce dernier, un coach qui inspire par son style et son histoire, qui motive par ses performances et son succès dans le secteur, et qui oriente par l'expérience et la sagesse acquises sur le terrain. Un mentor est donc une personne aguerrie, expérimentée et suffisamment outillée pour suivre un débutant jusqu'à ce que celui-ci parvienne à une certaine maturité dans son secteur d'activité pour enfin voler de ses propres ailes, et à son tour, inspirer d'autres jeunes entrepreneurs et ainsi de suite. *Un mentor est donc un leader*.

Le débutant doit quant à lui pouvoir faire preuve d'écoute avant de s'engager dans certaines voies qui peuvent lui paraître opportunes à première vue. De par son expérience, le mentor est celui-là qui a passé différentes étapes de croissance dans un ou plusieurs domaines d'activité, et qui est avisé sur les différents dangers et difficultés en présence dans cette aventure assez risquée qu'est l'entrepreneuriat.

Un proverbe africain dit " *Un vieux assis voit plus loin qu'un jeune debout.*". Dans notre contexte ici, il ne s'agit pas de la vieillesse liée à l'âge d'une personne, mais de l'expérience et de la sagesse acquise sur le terrain. Une personne peut être jeune en âge, mais pleine d'expérience dans un ou plusieurs domaines données, et par conséquent, peut être habilité à coacher de personnes plus âgées mais inexpérimentées dans ce même domaine. L'expérience, comme la compétence (la capacité, la connaissance) n'a rien à voir avec les diplômes obtenus sur le banc de l'école ou avec la présence ou l'absence des cheveux blancs sur la tête, encore moins avec la couleur de peau. J'en ai personnellement fait l'expérience, et d'ailleurs jusqu'à ce jour, je suis toujours au contact de cette réalité. En effet, la personne expérimentée dispose d'une connaissance pratique acquise dans l'exercice de l'activité, et ce, dans le temps. Elle connaît ainsi, les tenants et aboutissants qui gravitent autour de l'activité. Elle connaît les rouages du métier. Un mentor est une personne d'expérience.

Ainsi, bénéficier du soutien d'un mentor concoure à une bonne acquisition de connaissances techniques et pratiques du secteur d'activité pour lequel vous éprouvez de la passion. Cela contribue également à mieux orienter vos actions, c'est-à-dire à mieux cerner ce qui devrait être votre spécialité dans le secteur.

Témoignage :

Après mon intégration à l'ONG ETG (English for Tourism in Gabon), il m'arrivait de côtoyer le Président de ladite organisation, Fouty Boulanga Mouleka, un véritable passionné du tourisme. Etant en situation d'initiation à l'entrepreneuriat dans le domaine de tourisme en ce temps-là, je bénéficiais donc ses précieux conseils et de son expérience dans ledit domaine. Aujourd'hui, je peux dire que ce monsieur a été pour moi un mentor dans le domaine de l'entrepreneuriat touristique au Gabon.

Dans la vie, il y a certaines personnes d'expérience près de nous pour nous encadrer dans notre processus de développement en tant que jeune entrepreneur. Ces personnes constituent généralement pour nous des mentors auprès desquels, nous pouvons apprendre certaines choses nécessaires à notre percée. Il s'agit des choses fondamentales telles que le développement personnel, le leadership, la persévérance et la détermination à réussir ; des choses qui ne s'apprennent pas nécessairement sur le banc de l'école. Un mentor transmet au travers de ses enseignements (formation) et de ses conseils, son vécu dans un contexte pédagogique. Il peut ne pas évoluer dans le même secteur que vous, mais contribuer à développer en vous des facultés intellectuelles et mentales nécessaires à votre envol dans votre domaine d'intérêt ; ce qui vous passionne.

A la différence d'un simple modèle, le mentor inspire, motive et forme des jeunes talents à l'image de son expérience. Il est un modèle plus de par son expérience que de par sa réputation. Votre mentor peut ne pas être votre modèle idéal, c'est à dire une personne célèbre ayant accumulé un succès et une renommée massive. Cependant, il reste l'un des canaux stratégique dont vous avez besoin pour mieux poursuivre votre modèle idéal.

Pratiques recommandées:

1. Développez le sens du renseignement. (Cherchez à prendre des conseils chez votre mentor pour minimiser les risques d'échecs en chemin.)
2. Développez le sens de l'écoute. (Prenez la peine de comprendre le fond ou la sagesse cachée derrière ses conseils.)
3. Agissez en exprimant votre potentiel de manière naturelle. (Restez original c'est-à-dire vous-même.)

"Fixer toujours votre regard sur votre objectif ultime."

Tout ce qui a été dit jusque-là sied beaucoup plus à l'entrepreneuriat dans un contexte individuel. Cependant, évoluer dans un cadre associatif ou coopératif (ce qui est l'objet du concept CIDC) constitue à mon sens, un environnement assez adapté pour tout potentiel entrepreneur en situation d'insertion ou de réinsertion sociale et professionnelle. Je parle des personnes non-scolarisées, des personnes ayant abandonné les études, des personnes en quête d'une spécialisation, des personnes à la recherche de leur passion etc.

3. L'environnement associatif

L'environnement associatif est un milieu professionnel où l'on peut évoluer de manière collaborative ou coopérative. Ici, il s'agit d'intégrer un groupe de personnes réunies autour d'une vision qui s'inscrit dans votre domaine d'intérêt. Il serait plus judicieux que ce soit un groupe formellement constitué, pour que votre apprentissage se fasse dans un contexte légal et professionnel.

En effet, il est important d'avoir une idée générale de ce qu'est une organisation.

■ *Une organisation*

Une organisation est un groupe de personnes ayant un but et un intérêt commun. Elle peut se présenter sous forme d'association, d'organisation non-gouvernementale (ONG) ou de coopérative par exemple. En effet, ces structures associatives sont des acteurs de développement social et économique qui œuvrent dans plusieurs secteurs d'activité, à savoir l'environnement, l'agriculture, l'éducation, l'art, le commerce, le tourisme, la sécurité, la santé, etc.

Les organisations professionnelles locales sont juridiquement reconnues par l'État comme étant des entités représentatives de la société civile. Elles sont aussi connues sous l'appellation d'« Organisations de la société civile ». Les organisations non-gouvernementales (ONG), comme l'appellation l'indique, traversent les frontières, c'est-à-dire qu'elles opèrent de manière indépendante et souveraine. Par extension, il existe également des organisations appelées des OIG (Organisations inter-gouvernementales) qui sont constituées d'États -membres.

Toute organisation parvient à mener ses missions à l'aide des cotisations de ses membres, aux potentielles subventions de bailleurs de fonds, aux dons et à toutes autres potentielles sources d'appui.

En milieu associatif que ça soit dans le cadre d'une association, d'une coopérative ou d'une ONG professionnelle, les membres (actifs, simples ou volontaires) sont tenus de prendre part de manière coopérative aux activités de la structure pour l'atteinte des objectifs de l'entité. En effet, ce sont essentiellement la notion *"d'agir ensemble pour une cause commune"* et celle *"de servir la communauté "* qui constituent des valeurs fondamentales à cerner chez le futur chef d'entreprise sociale, voire même économique (PE ou PME) et leader que vous êtes.

Selon l'approche CIDC, intégrer une structure associative, qu'elle soit locale, nationale ou internationale, permet aux jeunes entrepreneurs en situation d'initiation à l'entrepreneuriat d'acquérir :

1. Le sens de l'engagement personnel pour une cause commune (l'engagement civique);
2. L'esprit d'équipe
3. L'esprit bénévole

Ces principes de base sont très importants dans le contexte de l'entrepreneuriat social.

Mais avant de s'engager dans une quelconque organisation, il est fondamental de cerner l'intérêt de le faire. Il est important de comprendre la notion de l'intérêt dans ce contexte.

■ *L'intérêt*

Lorsqu'on parle d'intérêt dans le contexte de l'entrepreneuriat en générale, très souvent, l'on est instinctivement tenté de penser d'abord "profit", et donc, "argent".

Pourtant, le sens de la notion de "l'intérêt" est au loin beaucoup plus large que cette connotation traditionnelle qui a tendance à toujours la coller.

Toute chose sur cette terre est pour un but bien spécifique. Nous avons parlé longuement du potentiel naturel implanté en l'individu. A y réfléchir, on peut dire que ce ou ces nombreux talents naturels enfouis en ce dernier ont été divinement placés là pour un but bien spécifique.

Lorsqu'il s'agit de l'action de l'individu lui-même, il faut dire que rien n'est fait sans but réel, et mieux, sans intérêts. On entend dire communément que ce qui caractérise le mieux les hommes, c'est leur *caractère intéressé*. C'est cette disposition naturelle à toujours rechercher son intérêt. En fait, ici, il ne s'agit pas d'une sorte d'égoïsme pour ainsi dire. Il s'agit par contre d'un réflexe inné en l'homme. Dans le contexte de l'entrepreneuriat, il est plutôt question pour le jeune entrepreneur inexpérimenté de s'interroger sur le bien-fondé de telle ou de telle autre chose avant de s'y engager.

Il est important d'avoir à l'esprit la notion du *"Pourquoi?"*, c'est-à-dire, *"Dans quel but ou objectif?"*. Le "pourquoi" permet de mieux asseoir la notion de l'intérêt. Par exemple, si mon objectif ultime en tant que jeune inexpérimenté dans le domaine agricole est de devenir un grand producteur et exportateur d'oranges en Afrique, prendre part à un atelier ou à un forum traitant des questions agricoles, ou adhérer à une organisation à vocation agricole, devrait constituer un sujet d'intérêt pour moi, car cela est en phase avec mon objectif ultime (mon but). Ainsi, l'intérêt trouve son sens lorsqu'il y a un but déjà défini. Naturellement, le but ici reste un élément tout à fait subjectif. Néanmoins, selon l'approche CIDC, il est important d'avoir un objectif de long terme et dans ce contexte bien particulier, il s'agit d'avoir sa propre entreprise (sociale ou économique).

Pratiques recommandées :

1. Gardez à l'esprit votre objectif ultime.
2. Cernez l'intérêt d'intégrer une organisation spécialisée dans votre domaine d'intérêt (considérez la comme un canal parmi tant d'autres, lequel vous permettra d'acquérir une connaissance pratique dans ce qui fait l'objet de votre passion).

Apprendre minutieusement l'activité (documentez-vous sur l'organisation).

L'avantage de cette méthode d'apprentissage est que vous évoluez dans un contexte coopératif et pratique. Par conséquent, comme on le dit habituellement, vous avez l'opportunité *"d'apprendre sur le tas"*.

A ce niveau, on dira "***J'apprends d'avantage***".

IV. Développement du potentiel

Dans ce processus d'acquisition de connaissances pratiques et professionnelles liées à votre domaine d'intérêt et précisément dans le contexte d'une organisation, il est important de toujours fixer les regards sur votre vision, car celle-ci suscite de l'intérêt et de la motivation. En fait, il s'agit ici d'acquérir de l'expérience dans un secteur qui vous passionne, et ce, de façon stratégique. Au passage, je dois dire que l'appellation du concept CIDC était initialement "*la stratégie CIDC*" avant de d'être finalement baptisé " l'approche CIDC". En effet, le mot "stratégie" est une notion qui m'est assez familière dans tout ce que je fais. Je crois que cette conception des choses ne m'est pas forcément propre. Tout entrepreneur est naturellement stratège. Il ne fait rien sans réel but. Chaque action posée est réfléchie et évaluée. Il est clair que ce réflexe entrepreneurial s'acquière dans le temps et essentiellement dans la pratique de la chose. Néanmoins, il est assez important de l'avoir à l'esprit.

Par ailleurs, étant déjà au sein d'une organisation en tant que bénévole par exemple, il y a deux choses nécessaires au renforcement du développement de votre potentiel naturel que vous devez pratiquer de manière diligente, à savoir la culture de l'implication active et de celle de la sauvegarde d'expérience.

1. La culture de l'implication active (Formation)

Comme on l'a déjà souligné, avoir un but en toute chose suscite de l'intérêt qui lui, est un facteur de motivation. Dans ce contexte bien particulier, le but fait référence à votre objectif ultime, c'est-à-dire votre vision.

Ainsi, Il est question de développer votre potentiel naturel au travers des activités menées au sein de l'organisation à laquelle vous appartenez maintenant. En effet, il s'agit concrètement d'une implication active de votre part qui servira aussi bien au développement de l'organisation qu'à celui de vos potentialités.

Témoignage :

Quand j'étais dans l'ONG ETG, je m'efforçais de prendre part à toutes les activités qui s'y faisaient. Cela me procurait du plaisir, et surtout de la connaissance et de l'expérience. Il faut dire que j'avais adhéré en tant que bénévole, et quelque temps plus tard je me suis retrouvé au poste de Responsable Tourisme de l'organisation. Avec l'expérience acquise dans le temps, j'arrivais à représenter officiellement et valablement l'organisation à certaines occasions ou à certains événements tels que des forums, conférences et ateliers. Ceci dit, un jour je pris part à un atelier qui avait eu lieu lors de la Troisième édition du New York Forum Africa en 2014, un événement à caractère international qui se tenait à Libreville au Gabon et qui avait pour principal but la promotion de l'entrepreneuriat en Afrique. J'eus l'occasion de participer à un échange sur un sujet lié au tourisme. Autour de la table il y avait le Secrétaire Général de l'Agence Nationale des Parcs Nationaux du Gabon, monsieur Lee White, l'un des Conseiller du Ministre du Tourisme du Gabon (en ce temps-là) en la personne de monsieur Sedji Armel (un grand homme pour qui j'éprouve beaucoup de respect et de reconnaissance pour ses services rendus à l'égard de l'ONG ETG), des professionnels et experts internationaux du domaine. Le sujet de notre atelier portait sur *"Les défis du secteur touristique au Gabon et les pistes de solutions»*. Ce sujet m'avait beaucoup intéressé parce qu'il constituait l'objet même des réflexions et de l'action que nous menions au sein de l'ONG en ce temps-là. Avec beaucoup de courage et d'enthousiasme, j'arrivais à contribuer au développement des discussions en soumettant des propositions que certains trouvaient assez pertinentes. De cette expérience, je pris d'avantage au sérieux ma formation c'est-à-dire mon implication dans l'organisation.

Par ailleurs, J'enseignais le tourisme et encadrais des jeunes étudiants dont la spécialité était la filière en gestion touristique. Un jour, je fus marqué par un groupe d'étudiants qui m'avaient consulté au sujet d'un travail de recherche que ces derniers devaient produire. En effet, après les avoir assisté, quelques semaines plus tard, ces étudiants m'appelèrent de nuit pour me dire qu'ils avaient obtenu la meilleure note, et que la pertinence de leur travail avait suscité une admiration particulière chez leur professeur. Cette expérience m'avait particulièrement aidé à comprendre l'utilité de mes talents pour la société (moi qui n'avait pas suivi une formation académique dans ledit domaine !).

En bref, ce sont là quelques témoignages parmi tant d'autres qui illustrent les nombreux effets retour de la culture de l'implication active dans cette formation, notamment le processus d'apprentissage au sein d'un groupe formel. En fait, ce qu'il faut comprendre ici, c'est que lorsqu'on a découvert l'objet de sa passion, et lorsqu'on le développe, surtout de manière diligente et déterminée, ce dernier nous permet de réussir à tous les niveaux quels que soient les obstacles en présence. Je pouvais dire en moi-même "*Je n'ai jamais été dans une école de tourisme mais je me retrouve à encadrer des apprenants du domaine dans leur travaux de recherche !*". Seule la passion conduit à de telles expériences. La seule manière d'acquérir de l'expérience dans mon cas était l'implication active au sein de l'ONG. Cela ne semblait être rien à première vue, mais très lentement et sûrement, ma connaissance dans le domaine devenait de plus en plus pratique et ma passion pour la découverte de la nature, l'animation touristique, l'organisation d'excursion et j'en passe, ne cessait de s'intensifier.

La culture de l'implication active sert à la fois à apprendre d'avantage sur votre domaine d'intérêt, à développer les nombreuses potentialités enfouis en vous, mais surtout à accumuler l'expérience nécessaire à la poursuite de votre objectif

Pratiques recommandées:

1. Participez à toute opportunité de formation accessible à l'organisation (ou à l'entreprise).
2. Valorisez les acquis en s'engageant à toujours contribuer au développement de l'organisation à son niveau.

A ce stade, il est important d'adopter une culture de sauvegarde d'expérience.

2. La sauvegarde d'expérience

La culture de la sauvegarde d'expérience joue un rôle assez déterminant lorsqu'on est en situation d'initiation à l'entrepreneuriat. D'une part, il s'agit ici de développer le sens de la prise de note qui veut, qu'à chaque fois que vous recevez de la connaissance, et surtout celle qui est en phase avec votre aspiration entrepreneuriale, *vous la mettiez sur écrit*. D'autre part, il est également question de mettre sur écrit l'expérience acquise sur le terrain. Toutes ces précieuses informations constitueront une solide base de données que vous pourrez éventuellement compiler dans un support.

■ *La base de données*

Une base de données est un ensemble d'informations collectées et sauvegardées pour un objectif bien précis. Dans notre contexte ici, il s'agit donc d'emmagasiner le maximum d'information émanant de la connaissance et de l'expérience acquise tout au long de votre parcours au sein de l'organisation.

La culture de la sauvegarde d'expérience selon le modèle de l'approche CIDC consiste à:

1. Mettre sur écrit toute information pratique du secteur ou d'une activité particulière qui a captivé votre attention et

votre intérêt.

2. Mettre sur écrit toute expérience personnelle vécue au sein de l'organisation (une activité professionnelle qui a beaucoup mis en exergue votre passion, votre potentiel, vos talents, votre savoir-faire, vos compétences), et si possible, la transcrire sous une forme pédagogique pour vous servir de manuel.

3. Collecter toutes images et autres supports numériques à votre portée, contenant des informations administratives, techniques et communicationnelles de l'activité de votre intérêt.

4. Archiver toutes ces données dans un lieu sûr. (Créez une propriété intellectuelle.)

Bien entendu, tachez de faire tout cela sous l'impulsion de cette recommandation '*fixer toujours les regards vers votre objectif ultime.*"

■ *La mise à jour*

La base de données, c'est-à-dire l'ensemble des connaissances et d'expériences répertoriées dans un fichier constitue un véritable outil d'actualisation de connaissance. Dans cette aventure entrepreneuriale, il est important de toujours avoir un œil sur ses repères pour mieux aborder ce qui se présentera à vous en chemin. En effet, votre base de données est un repère pour vous, elle vous présente vos connaissances, vos performances, et l'ensemble de vos expériences acquises jusque-là. Elle vous permet de visualiser votre objectif ultime pour mieux vous projeter dans le futur. Elle vous permet également d'apprendre de vos réussites et de vos échecs pour vous améliorer dans l'optique de renforcer la culture de l'excellence en vous. Elle vous permet de vous inspirer des expériences de réussites passées pour impulser des initiatives innovantes adaptées à leur contexte. Elle vous permet de tirer des principes et des valeurs de réussite universelle. Elle vous permet également d'actualiser vos connaissances dans tel ou tel autre domaine dans lequel vous êtes intervenus à une ou à plusieurs reprises.

En définitive, la *mise à jour* ici consiste à revenir minutieusement sur votre base de données pour consulter les informations (écrites et/ou imagées) sauvegardées, et ce, aussi souvent que possible ou à chaque fois que vous en ressentez le besoin. Un entrepreneur doit avoir la culture de la mise à jour des connaissances acquises sur le terrain. C'est tout à fait vital pour ce dernier, car l'information détermine la compréhension et la compréhension, l'action (l'application). Nous l'avons déjà souligné.

Une telle culture développée dans le temps au sein de l'organisation dans laquelle vous évoluez, prédispose l'entrepreneur visionnaire que vous êtes, à étudier la possibilité de *la création d'une structure selon votre vision des choses, votre modèle de réussite, votre idéal, votre passion et votre originalité*. C'est le moment de mettre tout en œuvre pour entrer pleinement dans votre vision. C'est le moment de valoriser le potentiel naturel que vous avez développé pendant la période de temps passée au sein d'une organisation, si vous l'envisagez bien.

A ce niveau on dira « *je comprends* ».

V. Création de sa propre structure

L'entrepreneuriat économique consiste à amener une idée dans un contexte commercial, et ce, pour se faire du profit. En ce qui concerne l'entrepreneuriat social, entreprendre consiste prendre une initiative sociale, laquelle est destinée à répondre à un problème rencontré par une communauté donnée. Tout comme l'entrepreneur économique, l'entrepreneur social permet aussi de vivre de son activité (il est important de le savoir).

A cette phase de l'approche, le jeune entrepreneur dispose désormais d'une expérience préalable qui constitue à mon avis, une infrastructure de base assez solide pour engager une initiative entrepreneuriale. En fait, il faut dire que ce fait a toujours été observé dans la société, c'est-à-dire voir des personnes passion-nées par l'idée d'auto-emploi qui, après avoir travaillé pour une entreprise pendant un certain nombre d'années, finissent par se mettre à leur propre compte sur la base de leur expérience. En effet, cette approche fait échos de manière substantielle à l'esprit même de la CIDC. Il faut dire que l'approche CIDC fournit une méthode stratégique plus adaptée à l'entrepreneuriat social qui toutefois, permet à tout entrepreneur (économique ou social) en situation d'apprentissage, d'acquérir une expérience profession-nelle dans un contexte associatif, et ce, afin d'éveiller son sens de l'engagement personnel pour le développement communau-taire.

A ce niveau vous disposez d'une expérience importante. Cepen-dant, avant de lancer votre entreprise sociale (ONG, Association, Coopérative etc.) ou votre entreprise économique (PE ou PME/PMI), il est primordial d'effectuer une recherche sur les réali-tés qui gravitent autour de l'activité que vous souhaitez entre-prendre. On parle généralement d'étude de marché.

1. Étude du marché

Tout entrepreneur mène toujours une étude de marché avant de se lancer dans cette aventure assez risquée qu'est l'entrepre-neuriat. Dans le contexte de l'approche CIDC, il ne s'agit pas d'effectuer une étude de marché traditionnelle comme on l'en-tend (étude de marché avec mille et une démarches). En effet, en suivant la logique de la démarche "Cidcienne", l'étude de marché s'avère être un élément naturellement et implicitement intégré au concept compte tenu de l'orientation recommandée pour l'acquisition d'expériences nécessaires à la prise d'initiative per-sonnelle. Ainsi, en parlant d'étude de marché, il s'agit ici tout simplement d'identifier les structures existantes à votre portée qui œuvrent déjà dans votre domaine d'intérêt et de voir dans quelle mesure vous pouvez apporter une valeur ajoutée. Cepen-dant, dans certains cas la nécessité de le faire ne se présentera tout simplement pas.

A ce niveau de l'approche CIDC, il ne reste plus qu'une seule chose : **Se lancer** !

2. Se lancer

L'idée de « se lancer » dans une aventure entrepreneuriale est de plus en plus vulgarisée aujourd'hui par la « *culture start-up* » qui consiste tout simplement à créer sa petite entreprise et se lancer de façon beaucoup plus innovante et personnalisée. Dans le contexte de la CIDC, la création de votre propre structure est l'aboutissement d'une ambition entrepreneuriale nourrie depuis des mois, voire des années. L'approche vous a fourni ici, un cheminement qui permet d'acquérir l'expérience nécessaire à une telle initiative. A ce stade, vous êtes désormais habileté à lancer votre propre activité.

Cette étape est semblable au moment où le chasseur a le doigt sur la gâchette pour tirer sur le gibier qu'il a déjà ciblé. C'est généralement à ce niveau que l'esprit entrepreneurial du jeune entrepreneur doit s'affirmer. Pourtant, c'est également à ce niveau que la tentation de remettre à plus tard s'intensifie. Il est capital de comprendre que dans le monde de l'entrepreneuriat, *on n'est jamais toujours prêt de manière parfaite,* et surtout en cette ère de la « startupisation » du monde. On ne dispose pas toujours de "*tout ce qu'il faut pour décoller*". On n'a pas toujours les "*moyens de notre politique*". On n'a pas toujours "*tout ce qui devrait bien pouvoir nous permettre de nous lancer*". En fait, ce qu'il faut savoir à présent c'est qu'on sera toujours exposé à ce sentiment ; un ensemble de pensées vous présentant toutes espèces d'excuses et de raisons parfois légitimes pour retarder votre envol.

Se lancer est un acte qui marque de façon concrète et visible le caractère sérieux de votre ambition entrepreneuriale. *C'est à ce niveau que votre définition en tant que citoyen dans la société prend son tout sens*, dans la mesure où votre engagement pour votre propre développement personnel et de celui de la communauté s'exprime de façon tangible.

La grande majorité des entrepreneurs dévoués et de leaders charismatiques de ce monde ont tous comme point commun *l'audace*. En effet, s'il y a une chose qui leur est commune dans leur mentalité, c'est le fait de refuser qu'une situation (quelle qu'elle soit) fasse obstacle à leur avancé. Leur détermination à se lancer pour réaliser leur vision a toujours été l'objet de leur audace. Malheureusement, peu de personnes sont prêtes à payer le prix.

Se lancer dans l'aventure de l'entrepreneuriat de façon générale reste l'une des initiatives humaines les plus risquées, car cela engage de l'investissement, et ce, à tous les niveaux. Il est donc légitime de ressentir ce sentiment de la peur de l'échec, car aucune personne sur cette terre n'aimerait voir l'objet de son investissement échouer. Ce qu'il faut dire, c'est que *la prise de risque est l'essence même de l'entrepreneuriat*. Un entrepreneur (homme ou femme) est un preneur de risque; c'est sa caractéristique première. Peu de personne dans le monde prennent des risques. Une vérité à savoir : Le monde est dirigé par un petit groupuscule de preneurs de risque qui évoluent dans divers domaines d'activités. La majorité de la population mondiale quant à elle, se retrouve à subir la gouvernance et l'influence de ces leaders (initiateurs).

En fait, je pense qu'il existe fondamentalement trois types de personne dans le monde lorsqu'on parle d'entrepreneuriat : les *Indécis*, les *hésitants* et les *courageux*.

1. *Les indécis* sont ces personnes-là qui ne prennent jamais position. Elles suivent les autres et subissent les circonstances. Une personne indécise ne voit rien devant elle et n'est qu'une suiveuse.
2. *Les hésitants*, eux, sont ces personnes qui, animées par la peur de l'échec, ont du mal à s'engager, mieux à prendre leur

responsabilité. Les hésitants se posent mille et une questions, prennent des décisions et parfois même planifient mais n'agissent jamais. Ils (les hésitants) ont toujours un problème de finition ou d'accomplissement. En fait, ils ne voient que la difficulté, c'est-à-dire l'éventualité de l'échec et les nombreuses conséquences qui vont avec. La personne hésitante n'est pas différente de celle qui est indécise. Tous les deux n'agissent tout simplement pas !

3. *Les courageux* sont des personnes qui ont le sens de l'audace, qui ont une profonde conviction par rapport à une ambition bien précise. Une personne courageuse ne se laisse ni intimider ou décourager par une quelconque réalité ou circonstance. Une personne courageuse a l'esprit de prise de position, de prise de risque et de prise d'initiative. Sans courage l'on ne peut accomplir des exploits. Le courage est donc une valeur intrinsèque à l'esprit de l'entrepreneuriat. Mark Twain disait « Le courage c'est la résistance face à la peur et la maitrise de la peur et non l'absence de la peur. ». Par ailleurs, une personne courageuse est une personne qui a le sens de la responsabilité et de l'engagement. En effet, la responsabilité se définit comme étant l'obligation de répondre à ses actions ou à celles des autres. Autrement dit, être responsable c'est être capable de répondre à une circonstance. Il s'agit de s'engager à apporter une réponse à un problème donné, mieux, c'est très souvent prendre le risque de s'engager pour la cause que l'on défend.

L'entrepreneuriat, social ou économique, requiert du courage, de l'audace et de l'engagement. A ce niveau de l'approche CIDC, l'entrepreneur débutant doit tout simplement se dire en lui *"le moment est arrivé pour me lancer, je dois le faire maintenant!* "Il ne me reste plus qu'à vous dire "Allez-y! "

A ce niveau, on dira « *j'entreprends* ».

Résumé :

Ce qu'il faut retenir du concept, c'est qu'en plus d'être une stratégie d'acquisition d'expérience professionnelle en vue de la réalisation d'une ambition entrepreneuriale, le concept CIDC met en exergue toute une mentalité, voire toute une culture. Elle est donc une approche par laquelle l'individu peut aborder la vie social et professionnelle autrement, d'où l'appellation " *l'approche CIDC* ".

Cette approche recommande :

- **La Culture de la recherche de l'information** pour découvrir son potentiel naturel
- **L'Intégration à une organisation** pour acquérir une connaissance pratique sur l'objet de sa passion
- **Le Développement du potentiel** (des nombreuses potentialités du futur entrepreneur leader) pour acquérir de l'expérience
- **La Création de son entreprise** pour s'auto-employer et réaliser son rêve

L'approche CIDC offre la possibilité à tout pratiquant, d'acquérir tout au long de sa mise en pratique, des valeurs et des principes riches et nécessaires à la construction d'une mentalité d'entrepreneur et de leader, c'est-à-dire *d'acteur du changement*.

CHAPITRE IV

Valeurs et Principes

Dans ce chapitre, je parle des valeurs et des principes inhérents à l'entrepreneuriat social selon l'approche CIDC. Il s'articule autour de trois principaux points :

- *La culture de la recherche*
- *La culture du dur labeur*
- *La culture du service*

Mais avant, je souligne l'importance pour un aspirant entrepreneur de toujours s'approprier des valeurs et des principes propres à la sphère de l'entrepreneuriat pour évoluer de façon sage dans cette aventure pleine de risques.

I. L'importance des valeurs et des principes

L a culture entrepreneuriale est un ensemble de valeurs et de principes que l'on retrouve chez une personne engagée dans le domaine de l'entrepreneuriat. C'est parce que l'entrepreneuriat est un domaine vaste, exigeant toute une multiplicité de connaissances à savoir et de tâches à exécuter, que la nécessité de se forger des *valeurs* et des *principes* s'impose. En effet, le succès gagné honnêtement et dignement qu'expérimentent de nombreuses personnes dans le monde, et cela, quel que soit le domaine d'activité, est fondamentalement déterminé par les valeurs et principes que celles-ci cultivent. Il est vrai que les médias ont tendance à faire d'elles des surhumains ; des personnages assez extraordinaires, des stars, des idoles etc. Cependant, très souvent, la réalité sur le terrain est loin d'être ce qui nous est présenté devant nos petits écrans. En fait, ces personnes restent des êtres humains comme vous et moi. Par contre, l'une des choses qui peuvent expliquer le succès impressionnant de certains, réside dans leur capacité à obéir et à se soumettre de manière religieuse et ferme aux valeurs et aux principes de leadership que ces personnes ont intégrés dans leur culture entrepreneuriale. Ces personnes qui gagnent leur vie honnêtement et dignement ont donc compris la nécessité de mener une vie de discipline basée sur l'attachement et le respect de tout ce qui fait leurs valeurs et de leurs principes de vie.

Il faut dire que l'ensemble des valeurs et des principes d'un entrepreneur constitue sa philosophie, c'est-à-dire sa façon de voir et d'aborder le monde. Cela détermine ses convictions, ses choix et ses actions. Les valeurs et les principes sont la force motrice d'un entrepreneur et d'un leader.

A cause du manque d'observation de certains principes de vie, de nombreuses personnes se retrouvent à faire des choses qu'elles n'approuvent pas nécessairement. Des leaders (tout domaine confondu) dont les convictions étaient pourtant initialement fermes et profondes, se sont laissés corrompre et plusieurs autres personnes aujourd'hui, ont du mal à aller plus loin dans leur aventure d'entrepreneuriale pour ces mêmes raisons-là.

Pourquoi est-ce qu'il est si important pour tout initiateur et même pour tout Homme d'avoir des valeurs et des principes?

Essayons de définir et d'analyser l'importance de ces deux concepts dans la sphère de l'entrepreneuriat.

1. Les valeurs

Une valeur peut être définie comme la noblesse du caractère d'une personne. Elle est le prix que l'on attache à une chose intellectuelle ou morale. Elle est une qualité morale hautement appréciée par une personne qui la place au-dessus du commun et de toute considération conventionnelle.

En effet, en cette ère du vingt-unième siècle, il est plus que capital pour toute personne soucieuse de son avenir de se forger un certain nombre de valeurs nobles pour faire face à l'invasion de cette culture mondaine nouvelle qui tend à balayer du revers de la main tout ce qui est **naturel, original et propre à l'homme**. Il faut dire que le monde subit actuellement une forme de 'colonisation généralisée', impulsée par le système en place. Les effets observables dans la société sont majoritairement néfastes dans la mesure où l'on peut constater que les valeurs morales sont de plus en plus reversées. Ainsi, il est important pour chaque individu et précisément pour celles et ceux qui aspirent à entreprendre, de cultiver leur propre code de valeur pour sécuriser leur personnalité.

L'établissement des valeurs qui prônent tout ce qui est naturel, normal et propre à l'homme, et des principes qui mettent en exergue la *foi en Dieu* (le Dieu créateur), la *famille*, la *communauté* et le *travail*, devrait être aujourd'hui l'objet de toute initiative de sensibilisation et d'éducation à ce sujet. Je pense qu'une bonne partie de la population africaine a besoin d'une rééducation qui devrait replacer le respect des valeurs individuelles propres à la culture africaine, au-dessus de cette nouvelle culture hostile au développement personnel impulsée par le système en place. Il s'agit des valeurs qui ne déconnectent pas la population des réalités actuelles, mais qui la protègent des dérives qu'impose le système. *Il est maintenant temps que la population et la jeunesse en particulier ouvre les yeux sur ce qui se passe actuellement dans le monde*. Il est temps qu'elle prenne conscience que son avenir est aujourd'hui plus que par le passé mis en danger par sa propre ignorance du phénomène de la disparition identitaire. Malheureusement, ce manque de conscience chez beaucoup n'est pas conséquences dans la société.

C'est l'une des raisons pour lesquelles, les leaders d'opinion et notamment les entrepreneurs sociaux doivent prendre leur responsabilité quant à la sensibilisation et la conscientisation de la jeunesse pour ramener cette dernière vers le droit chemin afin de sauver les générations futures et de préserver le patrimoine culturel par l'affirmation de valeurs nobles.

Le respect des valeurs morales et intellectuelles doit être prôné par les leaders entrepreneurs pour influencer positivement leur public et contribuer au développement de la société. Je pense que ces valeurs devraient mettre en évidence le sens du dur labeur, de l'honnêteté et de la dignité.

■ *Le dur labeur*

Le dur labeur a toujours été à l'origine de grands exploits et de grandes réalisations dans ce monde. Cette réalité universelle est assez visible tant dans les pays développés que dans les pays en voie de développement. Il est clair que l'affirmation de cette valeur noble (le dur labeur) explique la différence du niveau de développement d'un pays à un autre, d'un peuple a un autre, d'une communauté à une autre, mieux, d'une mentalité à une autre. En effet, en parlant d'Afrique, il faut dire que la notion du dur labeur est une valeur solidement intégrée dans la culture de certaines communautés de la société africaine à l'instar des communautés villageoises qui ont même parfois tendance à la sacraliser. Il est très fréquent d'entendre certaines personnes âgées ayant vécu au village pendant longtemps dire que « *les matins les adultes ont pour coutume d'aller à la chasse, à la pêche, ou aux champs, accompagnés des plus jeunes afin d'initier ces derniers à la culture du dur labeur* » (je paraphrase). Cette pratique culturelle favorise donc de façon efficace la transmission des valeurs attachées à la notion de dur labeur; des valeurs telles que la ponctualité, l'assiduité, la persévérance, l'objectivité et la responsabilité.

Cependant, de nos jours, on constate que cette valeur de dur labeur perd de plus en plus son sens chez une bonne partie de la jeunesse qui ne cesse de se livrer au divertissement. En effet, les jeunes consomment de plus en plus les réseaux sociaux et les chaînes de musiques dites "*à la mode*" qui mettent plus en exergue la nudité de la femme; l'idée de l'argent facile par le vol, le deal et tout autre moyen illicite; et l'ambiance des boîtes de nuit pour ne citer que ceux-là. En fait, toutes ces choses qui semblent procurer un certain épanouissement chez le jeune (disons l'addict), absorbent et épuisent l'énergie intellectuelle, mentale, morale, émotionnel et physique de ce dernier et contribuent ainsi à détruire progressivement en lui la notion du sérieux et de dur labeur. La conséquence ultime ici est *le développement d'une habitude de paresse dans tout ce qui exige de l'effort*.

S'agissant de l'entrepreneuriat social, il faut dire que le dur labeur constitue un prérequis que l'entrepreneur social doit intégrer dans sa culture pour espérer faire long chemin et avoir du succès durable dans son entreprise. Il doit donc pouvoir expérimenter la réalité de cette notion pour mieux la transmettre à ses collaborateurs, car il faut souligner que les gens travaillent plus dur et plus longtemps lorsqu'ils ont compris le sens de leur contribution personnelle dans le développement de l'organisation.

Le dur labeur permet à l'entrepreneur de se créer des opportunités aussi bien sur le plan personnel que communautaire. Travailler avec honnêteté procure en ce dernier le sens de la dignité.

- ### ■ *L'honnêteté*

L'honnêteté est une qualité morale qui prône l'intégrité, la bienséance, la probité et bien d'autres valeurs du genre. L'honnêteté dans le travail sacralise l'effort, mieux l'investissement d'une personne. Elle est une vertu qui préserve celui ou celle qui la cultive du dépourvu. En effet, une personne honnête ne manque pas d'opportunités dans la vie. A cause de l'honnêteté, certaines personnes ont pu bénéficier de promotions à leur lieu de travail et d'autres d'avantages du genre.

Ainsi, travailler avec honnêteté et dignité est une qualité pleine de richesse.

- ### ■ *La dignité*

La dignité est également une qualité noble qui inspire la considération et le respect des autres. Être digne c'est en quelque sorte disposer d'un certain mérite de respect de soi et de respect des autres en rapport avec notre attitude. Dans l'entrepreneuriat comme dans tout autre domaine d'ailleurs, la notion de dignité est d'une importance capitale. En effet, parce que le monde fait aujourd'hui l'objet d'intenses crises multisectorielles qui n'épargnent aucune composante de la société, beaucoup de personnes se livrent à tout type de vice pour joindre les deux bouts. Malheureusement, ce fait détruit progressivement la notion de dignité dans la conscience des personnes victimes, ce qui n'est pas sans conséquence sur la société. Parmi les nombreuses conséquences sociales, on note la *prostitution*, le *trafic d'enfants*, le *trafic d'influence*, le *braconnage*, le *vol*, la *fraude*, l'*arnaque* etc. On a comme l'impression que les gens agissent désormais par instinct de survie. Pourtant, le sens de dignité chez celui qui travaille dur dégage une certaine confiance en soi, un certain pouvoir, et donc, un certain potentiel d'influence positive.

Il est constaté que l'on a tendance à exalter plus facilement le mérite d'une personne qui a travaillé dur pour gagner honnêtement et dignement sa vie que le mérite de celui qui a usé des voies frauduleuses et indignes. Travailler dur de façon digne pour réussir est comme planter une semence dans une terre fertile qui porte de manière naturelle son fruit au temps convenable. **N'oublions pas que tout ce qui est naturel est riche ! Un travail fait dans la dignité est toujours fructueux et béni.**

L'entrepreneuriat social qui se veut être au service des communautés, doit donc être ce canal par lequel les notions d'honnêteté et de dignité regagnent l'esprit des individus pour une société plus prospère et plus juste.

2. Les principes

Dans ce contexte de l'entrepreneuriat, on peut dire qu'un principe est une sorte de code éthique que l'on s'établit pour agir conformément aux valeurs que l'on défend. Avoir des principes de vie constitue *une autodiscipline* nécessaire à notre développement personnel, et ce, quel que soit le domaine. Les principes constituent également des sortes de vérités absolues ou sacrées auxquelles l'on est fermement attaché. Ils mettent donc en évidence des règles, des valeurs et des croyances que l'on considère de façon religieuse pour agir de telle ou de telle autre manière.

L'entrepreneuriat est un domaine très vaste qui comporte une multiplicité d'activités, de pratiques, d'approches, et donc, de principes à connaître. Cela étant, la prise en compte et l'application de certains principes déterminent le succès de l'activité d'un entrepreneur. Il est clair que l'échec fait toujours parti de l'aventure, mais avoir cette notion à l'esprit contribue de manière prévoyante à épargner les preneurs de risques de certaines situations accablantes.

Il existe plusieurs principes dans l'entrepreneuriat. Ils émanent généralement des concepts créés par certains penseurs ou par certains entrepreneurs expérimentés. On ne pourrait tous les citer ici. Cependant, au regard de la modeste expérience que j'ai acquise au travers de l'approche CIDC, je pense que l'entrepreneuriat repose fondamentalement sur un principe divinement consacré qui s'applique d'ailleurs à tous les domaines de la vie. Ce principe se résume en trois verbes que sont: *Semer*, *Cultiver* et *Récolter*.

A première vue, cela suscite tout de suite à l'esprit, l'idée de l'agriculture. Ce qui est tout à fait logique. Mais à la réflexion, la chose va bien plus loin. En effet, il faut même dire que l'image de l'agriculture constitue un très bon élément à exploiter pour illustrer le principe *"Semer, Cultiver et récolter"* dans le contexte de l'entrepreneuriat. On va donc établir une analogie entre l'agriculture et l'entrepreneuriat pour mieux appréhender ce principe de base que tout aspirant entrepreneur doit s'approprier.

Témoignage :

En me lançant dans l'agriculture à travers la coopérative Caanan, je n'avais aucune espace de connaissances liées à l'agriculture. Cependant, la curiosité intellectuelle qui m'animait, m'avait permis d'apprendre progressivement sur le tas, et ce, grâce à l'aide d'un ancien collaborateur Régis Max Moubele (entrepreneur agricole gabonais). En effet, en pratiquant les activités agricoles de la coopérative, j'ai pu apprendre beaucoup de choses. Certes je ne suis devenu pas un expert dans dudit domaine, mais j'ai pu comprendre les différentes étapes du processus d'une production agricole.

Alors, premièrement, on note *la mise en forme* qui inclut le *défrichage*, le *dessouchage*, le *nettoyage*, le *traçage* et le *piquetage*. Ceci constitue le labeur préalable au lancement d'une production agricole. En effet, on peut dire que cette étape fait ici échos à la notion de la préparation dans l'entrepreneuriat de façon générale.

Ensuite, on passe à la phase dédiée à **l'ensemencement**. Il s'agit ici du lancement de la production et dans le contexte de l'entrepreneuriat, du lancement d'une activité.

Puis, on passe à la phase qu'on appelle *le suivi* qui inclut l'*arrosage*, le *sarclage* et l'*entretien* des plantes dans leur processus de croissance. Ici il est question de la maintenance.

Enfin, on arrive à la phase ultime qu'est la **récolte**. Ici, nous jouissons du fruit du dur labeur.

On va essayer d'aller un peu plus en profondeur dans cette analogie en abordant individuellement les trois notions de ce principe.

- *Semer*

Le verbe semer veut dire répandre de la graine ou du grain sur une terre préparée afin de les faire produire et multiplier. L'idée d'ensemencement est une notion très importante lorsqu'il s'agit de la culture entrepreneuriale. Semer est un geste qui marque le début d'un processus de croissance. Pour le jeune entrepreneur, semer représente l'action de lancer une activité génératrice de revenu dans le cadre de l'entrepreneuriat commercial (au travers d'une entreprise) ou celle de lancer une activité sociale dans le cadre de l'entrepreneuriat social (au travers d'une organisation). Semer est le début d'une aventure risquée, et donc qui peut à tout moment faire l'objet d'un ou de plusieurs échecs. Tout entrepreneur qui initie une activité doit donc avoir cette réalité à l'esprit.

Semer c'est donc planter dans le sol une semence qui est destinée à porter du fruit. Cependant, il est tout à fait naturel de dire que l'entretien qu'on en fait, détermine la croissance, et donc, la récolte qu'on en tirera.

Cette étape dans l'entrepreneuriat est généralement assez accessible à tous: tout le monde peut initier une activité. Mais qu'en est-il de la gestion de son développement? Cette question nous conduit à la deuxième notion.

■ *Cultiver*

Cultiver veut dire travailler une terre pour la rendre plus fertile et pour améliorer ses productions. C'est également prendre soin des plantes. Cultiver renvoie à l'idée de la gestion ou de la maintenance. En effet, ici il est question de l'adoption d'une attitude responsable chez l'entrepreneur pour le développement de son activité. Je pense que le fait même d'entreprendre repose fondamentalement sur la capacité de l'entrepreneur à assurer le développement de son activité en mettant en œuvre les mécanismes appropriés. C'est généralement à ce niveau que se posent certains problèmes chez les jeunes preneurs de risques inexpérimentés.

Pour revenir dans le contexte agricole, il faut dire que tout au long de la phase de suivi, la graine plantée a besoin d'eau pour se nourrir afin de croître. Pourtant, c'est également durant cette phase de croissance que la plante se trouve exposée à la repousse des herbes autour d'elle, lesquelles constituent une menace pour son évolution. Aussi, il faut souligner qu'à ce niveau, la plante fait également l'objet de la convoitise de certains rongeurs à l'exemple des insectes. Ainsi, pour chaque menace rencontrée, l'agriculteur, qui est l'image de l'entrepreneur ici, doit être à même d'apporter la solution la plus adaptée et la plus efficace. Autant dire que l'entrepreneur c'est celui-là qui prend soin de son activité, et qui trouve des réponses adaptées aux possibles difficultés. Pour ce faire, il sied de dire que la notion de persévérance s'avère être plus que nécessaire.

Beaucoup de jeunes entrepreneurs ont tendance à abandonner lorsqu'ils font face à certains défis ou à la récurrence de certains problèmes. *Une vérité à savoir : si vous n'êtes pas prêt à intégrer la notion de persévérance dans votre esprit, il vous sera impossible de progresser dans votre carrière d'entrepreneur*. En effet, n'oublions pas que l'entrepreneuriat est un processus de prise de risque continu et toutes celles et ceux qui s'y engagent doivent nécessairement en avoir religieusement conscience. L'idée de persévérance trouve tout son sens en présence de l'adversité. En fait, l'attitude de l'entrepreneur à l'égard des difficultés rencontrées détermine soit l'évolution ou la régression de son activité. Persévérer veut dire persister et résister. C'est continuer à poursuivre son but de manière déterminée et ferme quelle que soit l'opposition en face.

Il est tout à fait humain de se sentir découragé après avoir subi une grande déception ou un lamentable échec. S'y remettre aussitôt n'est pas toujours chose facile. La tentation de se relâcher et d'abandonner se présente spontanément dans notre esprit. Et là, il est question de l'aiguisement de votre esprit d'entrepreneur leader. Il faut comprendre que *l'échec n'est pas une fatalité*. En tant qu'entrepreneur, vous devez apprendre à voir l'échec comme une leçon vous permettant de vous améliorer et de puiser d'avantage dans vos ressources naturelles (l'intelligence et l'expérience) pour développer de nouvelles approches afin de parvenir à la réussite. La vérité c'est qu'il ne s'agira que de cette pratique tout au long de votre aventure d'entrepreneur. (Ceci est un principe clé à retenir.)

C'est particulièrement à ce niveau que beaucoup de personnes cèdent très souvent au caprice de vouloir aussitôt après avoir semé, récolter sans manifester le courage et la volonté d'en payer le prix.

Comme je le disais précédemment, ce principe est universel et il permet également d'expliquer nos différentes attitudes. Il y'a une attitude de paresse observable chez certaines personnes qui ont tendance à aimer la réussite rapide au mépris de la notion de l'effort nécessaire à fournir. C'est en fait comme on le dit vulgairement *"vouloir le beurre et l'argent du beurre"*. Ce qu'il faut comprendre ici, c'est que ce n'est pas tout de commencer une activité, en revanche, le plus important c'est d'assurer son développement afin d'en récolter le fruit.

- **■ *Récolter***

Récolter c'est gagner par son labeur. C'est jouir du fruit du travail que l'on a abattu. Dans l'entrepreneuriat comme dans tout autre domaine d'activité humaine, le principe de récolte fait référence à l'idée du résultat. Il est dit dans les Saintes Ecritures que l'homme mangera à la sueur de son front, et que l'ouvrier mérite son salaire. En effet, tout travail mérite un salaire. Mieux, tout processus d'investissement aboutit nécessairement à un résultat. Il faut noter que le résultat ici est toujours proportionnel aussi bien à la quantité qu'à la qualité de l'effort fourni. ***C'est un principe naturel***. La gestion d'une activité détermine l'avenir de cette dernière. En tant qu'entrepreneur, vous devez toujours avoir à l'esprit l'idée selon laquelle ce n'est pas tant le lancement d'une initiative qui compte, mais sa gestion, car tout le monde (n'importe qui) peut se lancer, mais peu arrive à maintenir le cap pour atteindre l'objectif ultime. Entreprendre, quel que soit le domaine, est une expression d'audace avant tout. Oser dans ce contexte c'est donc être capable de semer, de cultiver et de récolter de façon honnête et digne dans un domaine qui vous passionne.

Il est important de souligner que la qualité de la récolte est toujours à l'image de celle du travail d'entretien fourni. A titre illustratif, j'aimerais vous raconter cette petite histoire.

Un maçon travaillait pour un particulier depuis des années. Ce particulier était un homme assez rigoureux, et parfois, sévère. Son attitude ne laissait pas indifférents ses travailleurs parmi lesquels, le maçon. En effet, le maçon était le plus ancien des travailleurs de ce monsieur et avait réalisé les plus grands projets de construction initiés par son patron. Il se trouva qu'un jour, le maçon s'est dit en lui-même " *ça fait déjà longtemps que je travaille pour ce monsieur, je fais partie des acteurs de son enrichissement, pourtant je ne bénéficie d'aucune faveur de lui jusqu'à ce jour ! *". Ce mécontentement à l'égard de son patron, avait conduit ce travailleur (le maçon) à manifester du relâchement et de la nonchalance dans son travail. Un jour, le patron lui confia la responsabilité de construire une nouvelle maison tout en précisant qu'il voulait faire d'elle la plus belle de ses maisons. Le maçon fit les travaux avec négligence et amertume. Il construisit la maison avec des matériaux non solides, lesquels ne permettraient pas à l'édifice d'exister pendant longtemps. Quelque temps après, lorsqu'il eut fini les travaux il remit la clé à son patron. Du haut de son ignorance, l'ayant félicité de la qualité du travail fourni, le patron dit à son travailleur « *Je tiens à te dire que de tous les travailleurs que j'ai eu depuis que je vis, tu es le seul qui m'est resté fidèle. J'ai observé la qualité de ton travail depuis des années, et je me suis dit que le meilleur des cadeaux que je puisse t'offrir serait de te construire une belle villa que toi-même aurait faite! Je t'offre cette maison en signe de reconnaissance pour ta fidélité et ton engagement! *» Au même instant, le maçon fondit en larmes. Il pleura amèrement, et son patron se demanda bien pourquoi qu'il pleurait de la sorte. Le maçon lui avoua sa frustration, sa nonchalance et finalement la mauvaise qualité de travail qu'il avait fourni en conséquence de son état d'esprit. Cela fut donc une grande perte pour le maçon.

Ce qu'il faut retenir ici, c'est que "*Chacun récolte ce qu'il a semé*". Dans le contexte de cette histoire, il faut dire que dans l'exercice de son activité, le maçon développe une mauvaise attitude, c'est-à-dire le manque de persévérance dans l'excellence et le désintérêt qui lui a coûté très chère. Ce manque de persévérance à bien faire son travail a été causé par une intoxication dans la pensée qui a donné lieu à une frustration, et qui s'est naturellement manifestée au travers de son attitude. Une initiative dont le développement est bien suivi assure du résultat qu'on n'en tirera.

II. La culture de la recherche

Comme nous l'avons vu dans le chapitre précédent, la recherche est une valeur fondamentale dans le domaine de l'entrepreneuriat dans la mesure où tout débute par *l'information*. La recherche de l'information est donc l'attitude la plus naturelle chez un entrepreneur. L'information édifie, bâtit, oriente et équilibre la vision d'un preneur de risque. En effet, pour ne pas être en proie à l'ignorance et subir ses multiples conséquences, il est plus qu'important de se cultiver quotidiennement sur ce dans quoi l'on évolue. Il faut dire qu'une telle pratique contribue non seulement à notre épanouissement intellectuel ; mais aussi à notre santé mentale et physique. Il est dit que celui qui a cessé d'apprendre a commencé à vieillir. Cela veut donc dire que le manque d'alimentation intellectuelle est un vecteur de handicap multiforme dans la vie d'un être humain. Cela est une réalité très bien comprise par les "*sages*" (personnes plus âgées) dans la plupart de nos sociétés Africaines. On remarque par exemple qu'il est très habituel de voir des vieillards dans nos villages prendre du plaisir à écouter de la radio en longueur de journée, en suivant des émissions sur RFI entre-autres chaînes de radio. La réalité derrière ce fait, cache la volonté inconsciente ou muette de ces dernières (personnes âgées) à toujours se cultiver intellectuellement ou à faire travailler leur cerveau.

Comme nous l'avions déjà vu, le sol intellectuel de l'homme regorge d'incroyables richesses naturelles que ce dernier doit rechercher, exploiter et valoriser pour mieux s'affirmer dans la société.

La culture de la recherche de l'information est donc d'une importance capitale chez l'entrepreneur. Cette information peut être obtenue par divers moyens à l'instar de la lecture, de la conversation et de l'outil internet.

1. La culture de la lecture

La lecture est un élément clé dans l'entrepreneuriat et précisément lorsqu'il s'agit de l'acquisition de connaissance. La culture de la lecture est donc un facteur déclencheur de grandes réalisations, car elle permet aux pratiquants d'acquérir régulièrement des informations. On dit souvent que la connaissance est un pouvoir. **En effet, obtenir une information nous délivre d'une ignorance**. Ben Carson dit « *Il n'y a aucune limite dans ce que les gens accomplissent lorsqu'ils développent leur intelligence et utilisent des livres pour acquérir de la connaissance.* » et Robert William ajoute

> « *Si vous apprenez d'avantage, vous gagnerez d'avantage. Apprendre c'est augmenter la connaissance. La seule façon pour les gens d'atteindre le sommet est au travers d'une bonne dose de lecture et de dur labeur. Lire vous informe et vous réforme. La culture de la lecture contribue à votre formation mentale, psychologique, à la formation de votre caractère, à celle de vos idées et à celle de votre attitude.* ».

Depuis des siècles, la transmission de la connaissance a toujours été faite par voie écrite. Il est vrai que dans la culture africaine particulièrement, l'oralité a toujours été le moyen le plus pratique pour faire passer des informations. Mor Dieye dit dans son texte sur « l'Oralité en Afrique » :

« *En Afrique les vieillards et les griots étaient chargés des*

témoignages oraux et de la transmission de la mémoire des lignées. Ils jouaient ainsi un rôle déterminant dans l'éducation des jeunes en leur racontant les gloires et les bienfaits de leurs ancêtres, une manière de les mettre en garde contre certains comportements et attitudes, qui seraient indignes de leurs personnes en tant que descendants de lignées notables…
La tradition orale occupe ainsi une place importante dans l'histoire africaine, comme le soulignait Amadou Hâmpaté Bâ : ' la tradition orale est au cœur de l'histoire de l'Afrique, de l'héritage de connaissance de tous ordres patiemment de bouche à oreille et de maître à disciple à travers les âges.[12] '»

De nos jours, tout entrepreneur qui aspire à aller plus loin dans sa carrière doit pouvoir intégrer la lecture dans sa culture entrepreneuriale. Je pense que se cultiver par la lecture au travers des livres et autres supports écrits, est l'une des méthodes d'apprentissage les plus efficaces dans la mesure où le lecteur a la possibilité de consulter à plusieurs reprises le contenu du support pour actualiser ses connaissances. En effet, au travers de la lecture, le lecteur bénéficie également de l'opportunité d'apprendre plusieurs choses à la fois, à savoir: l'orthographe des mots, leur signification, les différents styles d'écriture, des expressions nouvelles, des informations techniques liées à un domaine bien précis et bien d'autres choses de nature à instruire ce dernier. Par ailleurs, la culture de la lecture contribue au développement personnel par l'auto-apprentissage. Elle a été et est encore à l'origine du succès de beaucoup d'entrepreneurs autodidactes. Une « Success Stories » de jeune entrepreneur africain autodidacte qui m'a beaucoup marqué est celle du Sud-africain Sandile Shezi.

"Sandile Shezi est devenu à 23 ans le plus jeune multimillionnaire d'Afrique du Sud. Il est le fondateur et codirecteur de la société de courtage en finance, Global Forex Institute. Originaire des quartiers pauvres de Durban en Afrique du Sud où il vendait des gâteaux. Il disait sur son compte facebook « en chaque riche

homme se trouve un enfant pauvre qui a cru en ses rêves ».

C'est en vendant des muffins qu'il a fait ses premiers pas dans l'entrepreneuriat alors qu'il n'avait que 12 ans, il a grandi dans le même quartier que son modèle Sandile Zungu, président de la Zungu Investments Company Limited, qui a conçu un programme en leadership pour la prestigieuse université américaine de Harvard. « Je me suis alors dit : s'il peut le faire, pourquoi pas moi ? » dit-il sur CCTV Africa.

Commençant à avoir quelques bénéfices sur la vente de muffins, Shezi décide de se convertir au commerce de vêtements. Il fera alors du porte à porte, proposant ses articles. Une expérience très instructive. Le jeune homme confiera au magazine News24 entrevue: « cette expérience m'a énormément appris sur le business et le refus de la fatalité ». Après ce petit succès, il abandonne l'université pour se donner le temps nécessaire aux analyses financières qu'exige le trading. Il utilise, pour ce faire, les frais de sa scolarité comme mise de départ. Ses parents, étaient déçus et le laissent aussi dit-il. Pourtant, loin de sacrifier son avenir, leur fils posait ainsi les fondements de la société qui ferait de lui en peu de temps un millionnaire respecté et pris en exemple par la jeunesse de la nation arc-en-ciel, voire continentale. Autodidacte, il suit des formations en ligne et se découvre une passion pour les paris risqués.

Au fil des ans, il a réussi à établir des relations d'affaires qui l'ont conduit en établissant l'une des compagnies de formation de changes les plus réussies de Durban qu'il nomma Global Institute Forex basé à Mhlanga, Durban, Afrique du Sud.[13]"

Cette inspirante histoire met en valeur la volonté d'un jeune entrepreneur à poursuivre son rêve tout en usant de l'auto-apprentissage pour y arriver. Lorsqu'on est passionné et déterminé à réussir, on exploite toutes les ressources à notre disposition pour atteindre notre objectif de façon honnête, digne et juste.

Comme je l'ai mentionné dans le chapitre précédent, j'ai fait de la culture de la lecture mon passe-temps favori. En effet, lorsque j'étais dans l'ONG ETG, la passion de la découverte de choses nouvelles me conduisait toujours à parcourir des magazines liés à l'actualité socio-économique du pays, et en l'occurrence, l'actualité touristique. Jusqu'à ce jour, cette culture reste une partie intégrante de ma personne. En bref, cette habitude entretenue depuis un bon nombre d'années, a graduellement développé en moi tout un style de vie qui a contribué de manière significative au développement de ma culture entrepreneuriale. J'ai donc réalisé que plus l'on se cultive en tant qu'entrepreneur, plus on acquière des outils pour mieux développer nos idées de prise d'initiative. La lecture est un facteur de développement personnel que malheureusement beaucoup de personnes en Afrique négligent ou ignorent.

Il faut dire que la variable culturelle joue énormément sur l'implémentation d'une telle disposition d'esprit chez nous (en Afrique). Cependant, vu qu'aujourd'hui la connaissance devient de plus en plus accessible, il est temps pour tout citoyen soucieux de son avenir de s'approprier de cet outil intellectuel pour mieux se valoriser et s'affirmer dans la société.

■ *Le livre*

Il est important d'avoir une petite bibliothèque chez soi. Il faut dire qu'un livre est d'abord et avant tout une œuvre de l'esprit qui met en exergue une expérience présentée soit sous une forme pédagogique (manuel) ou racontée (roman). Un livre est un support écrit qui contient de précieuses informations liée à un domaine bien spécifique. De plus, je pense qu'un livre n'est rien d'autre que l'expression physique de la volonté d'une personne (l'auteur) à partager son expérience, sa connaissance, sa compétence, son histoire afin d'édifier le plus grand nombre. Toute chose sur cette terre a été créée pour un but, et donc, il est clair que toute œuvre humaine en a de même. On peut ainsi affirmer que c'est une richesse que d'épouser cette culture ; cette habitude de se nourrir intellectuellement par la lecture des livres.

En cette ère de la mondialisation, la culture de la lecture du livre en Afrique est de plus en plus menacée chez la jeunesse. En effet, l'émergence des réseaux sociaux par le biais d'internet met une bonne partie de la jeunesse africaine en proie au divertissement, voire à la distraction. Cette maladie sociale atteint plus facilement et plus rapidement ceux qui ont abandonné les études y compris ceux qui n'ont pas eu l'opportunité d'y accéder. Ce qui est encore plus lamentable est que ceux qui sont sur le ban de l'école (élèves et étudiants), se laissent également dérouter de leurs objectifs et ambitions scolaires et professionnelles, et cela, dû au manque de discernement dans l'utilisation de ces outils-là.

La culture de la lecture permet au pratiquant d'obtenir les outils intellectuels nécessaires à la détection des multiples potentialités que regorge le sol de son intelligence. Tout être humain est doté d'une intelligence que seule la connaissance peut révéler. Cette connaissance provient de tout support susceptible de fournir des informations à l'exemple du livre. Ainsi, on peut valablement affirmer que l'incitation à la culture de la lecture est une contribution efficace et durable au développement individuel et à celui de la société en général. C'est dans ce sens que le bloggeur Olivier Roland atteste que la lecture a changé sa vie.

« Parce que je suis un autodidacte et que j'adore apprendre. De plus j'adore lire, et j'adore apprendre en lisant. Ayant créé mon entreprise jeune – à 19 ans -, je suis l'heureux titulaire d'un bac moins 2 et ai appris l'essentiel de ce que je sais sur le tas, en apprenant beaucoup de mes erreurs, et aussi en effectuant quelques formations de-ci de-là. J'ai également suivi quelques cours du soir au CNAM (voir mon profil Viadeo), mais les applications concrètes de ces cours ne sont pas toujours évidentes pour mon entreprise.

Parce que je ressens le besoin d'acquérir des savoirs pour mieux piloter mon entreprise, mieux comprendre les rouages du monde du business dans lequel je suis, pour être plus efficace dans tous les projets que je conduis ou conduirai, et pour mieux appréhender le monde en général.

Parce que j'ai déjà lu quelques livres listés dans le PMBA, et que je les ai tous trouvés excellents, avec une mention spéciale pour La semaine de 4 heures. Ils ont tous changé ma perception que j'avais de certaines choses, parfois radicalement. Ils ont tous changé ma vie sur au moins un aspect ou m'ont donné un nouvel outil pour le faire. Au vu de l'importance des changements qu'ont induits ces 7 livres, j'ose à peine imaginer ce qu'en produira 52 !

Parce que lire 52 livres en 52 semaines, et en écrire un résumé et le poster ici sans ruiner ma vie professionnelle et ma vie sociale représente un défi en soi, qui me mobilisera au maximum mes capacités d'organisation et d'auto-motivation. Si je procrastine trop, si je ne m'organise pas suffisamment bien, si ma motivation retombe comme un soufflet, je n'y arriverai pas. Et vous serez les premiers à le savoir. J'apprendrai donc aussi bien des livres que je lirai que du projet en lui-même. Pour voir les astuces dont je me servirai pour rester motivé, lisez ceci.

Afin d'expérimenter en réel s'il est possible de changer sa vie en lisant des livres pertinents. C'est l'objet de ce blog – je n'ai pas voulu créer un blog qui ne parlerait que de ce défi – et je tâcherai de démontrer que c'est possible en vous faisant partager ce que cela m'apporte dans mon entreprise, dans mes projets, dans ma vie de tous les jours. [14]»

Ce témoignage illustre donc le caractère fructueux de la lecture. Il est important de se cultiver par le canal de la lecture, car l'on en tire beaucoup d'avantages.

Abraham Lincoln dit « Tout ce que j'ai appris,
je l'ai appris dans des livres. »

Abigail Adams renchérît en disant « L'apprentissage ne s'obtient
pas par chance, il doit être recherché avec ardeur et diligence.[15] »

La culture de la recherche de l'information passe aussi par le canal du contact à la personne, notamment par la conversation orale.

2. La conversation orale

L'une des plus anciennes formes de conversation que l'on connaît reste la conversation orale. En effet, celle-ci permet aux hommes de communiquer, et donc, de d'échanger des informations. La conversation orale constitue une véritable source d'approvisionnement en connaissance pour la personne à la recherche de l'information. Par exemple, lorsque j'ai éprouvé le besoin de m'auto-spécialiser dans le domaine du tourisme, les renseignements et autres formes de conversations liées aux questions touristiques constituaient de véritables canaux d'apprentissage compte tenu de la qualité d'information que j'en tirais. Il faut dire que l'exploitation de cette approche est largement déterminée par une bonne dose de curiosité et d'humilité intellectuelle.

■ La curiosité intellectuelle

Dans l'entrepreneuriat, la curiosité est une qualité intellectuelle assez importante et d'ailleurs fondamentale à la culture entrepreneuriale « Cidcienne ». En effet, la curiosité intellectuelle est une vertu propre à la mentalité de l'approche CIDC, car sans elle, cet ouvrage n'aurait pas été écrit, et donc, vous n'auriez pas bénéficié de cette expérience retracée ici. La curiosité intellectuelle est cette disposition d'esprit qui nous amène à toujours rechercher l'information. Elle se traduit en nous par une attitude de renseignement, de recherche, de questionnement, d'esprit critique etc. Elle permet d'obtenir l'information, et donc, l'acquisition de connaissances. On peut prendre l'exemple de ce qu'on appelle *étude de marché* dans le jargon de l'entreprise. On doit dire que cette pratique n'est rien d'autre qu'un exercice de collecte de données utiles au lancement d'une activité pour ainsi dire. En fait, l'objet de cette pratique entrepreneuriale reste essentiellement la recherche de l'information.

- **L'humilité intellectuelle**

L'humilité est une vertu puissante. Elle est une attitude qui consiste à s'abaisser ou bien à se soumettre. Ici, ce qu'on doit entendre par "*humilité intellectuelle*" c'est en fait cette disposition d'esprit qui consiste à se soumettre à l'autorité de la connaissance. C'est reconnaître comme vraie et légitime la source de l'information qui nous est donnée. Autrement dit, être intellectuellement humble, c'est apprendre en se soumettant respectueusement à l'autorité de la connaissance et de l'expérience d'une personne expérimentée. C'est apprendre en déconsidérant tout préjugé et autre espèce d'obstacle à l'acquisition de la connaissance. En effet, *la connaissance est un pouvoir, car elle donne à son détenteur la possibilité d'agir, de s'exprimer, de s'affirmer et de prendre position.* Souvenez-vous de ce proverbe chinois qui dit "*celui qui sait qu'il sait, suis-le*". La connaissance est cette force qui impulse l'action, et qui répand une certaine influence et une certaine autorité de la part de son détenteur. C'est la raison pour laquelle, dans le cadre d'une présentation professionnelle par exemple, on accordera plus de crédit et de considération à la personne qui parle avec aisance plutôt qu'à celle qui titube, et qui semble ne pas maîtriser son sujet. La connaissance répand de l'autorité et suscite de la légitimité chez son détenteur quel que soit son statut. Dans le cadre de mon activité, *l'éducation entre-*

preneuriale, je suis régulièrement amené à conseiller, à former et à encadrer des personnes de loin beaucoup plus âgées que moi (pour certaines étant de la même génération que mon père). Je dois dire qu'à chaque fois que je me tiens devant eux, j'éprouve beaucoup de respect, d'estime et de considération à leur égard du fait de leur *humilité intellectuelle* qui les amène à reconnaître la légitimité et l'autorité de ma modeste expérience dans ledit domaine. Une fois, alors que j'avais encore vingt-et-cinq ans, un quinquagénaire m'avait dit à l'issue d'un échange "*Je ferai ce tu m'as dit parce que tu es mon mentor dans ce domaine*". J'avoue que cela m'avait beaucoup marqué et permis de réaliser le pouvoir de la connaissance et de l'expérience.

L'humilité intellectuelle est une vertu indispensable à la notion d'apprentissage. En effet, lorsqu'on est humble, l'on est naturellement disposé à recevoir de la connaissance quelle que soit sa provenance.

Témoignage :

Un jour, un ami m'a raconté comment il a appris à utiliser le logiciel Excel Microsoft. En fait, celui-ci n'avait pas eu la possibilité d'aller loin dans ses études, et donc, très jeune, il eut une opportunité d'emploi dans une entreprise spécialisée dans l'exploitation du bois. Il travailla près de dix-neuf ans dans cette entreprise. Pourtant, durant son séjour professionnel au sein de cette société, il eut une opportunité promotionnelle. Cependant, le nouveau poste qu'il devait occuper exigeait une bonne maîtrise du logiciel Excel. Ne connaissant pas comment utiliser ledit logiciel, celui-ci fit appel à un de ses amis (moins âgés que lui) qui s'y connaissait bien pour le lui apprendre. Ce qui m'a beaucoup marqué dans cette expérience, c'est le contexte dans lequel cette formation avait eu lieu. En effet, compte tenu de leurs agendas respectifs qui étaient très chargés et qui ne leur permettaient de se retrouver ni chez l'un ni chez l'autre, ils se retrouvaient donc au moins une fois par semaine à côté d'un guichet automatique situé près d'un lavage auto. C'est précisément à cet endroit que son ami lui dispensait des cours sur l'utilisation du logiciel en question. Comme quoi, lorsqu'on veut apprendre, il n'y a pas d'âge et encore moins de préférences quelconques.

L'humilité intellectuelle nous prédispose à bénéficier de quelque chose de nouveau ou complémentaire à ce que l'on a déjà. Parfois, nous sommes amenés à apprendre des personnes qu'on peut sous-estimer ou négliger au premier abord. Mais en expérimentant l'autorité de leur connaissance, l'on peut bien s'apercevoir que l'on est complètement hors de la plaque. Les préjugés sont de faux amis et de véritables obstacles à notre apprentissage. L'humilité intellectuelle nous permet donc de les réduire au silence.

Une petite anecdote:

" Deux chiffres (6 et 0) se disputent au sujet de leur grandeur.

6 dit à 0 "je suis plus grand que toi!"

0 s'irrite, attache sa ceinture et devient 8 et dit à 6, "alors Monsieur qui est désormais le plus grand?"

Subitement, se sentant humilié, 6 se renverse et devient 9 et dit à 8 "Je vous ai déjà dit que je suis plus grand que vous!"

Alors 8 va se coucher au sol et devenir infini (∞). Il dit à 9 "Alors Monsieur le plus grand, qui est finalement le plus grand?"

C'est juste pour nous dire qu'il ne faut pas sous-estimer personne, car on ne sait jamais ce que l'avenir nous réserve. La roue tourne et continue de tourner. Que l'humilité nous fasse regarder les autres comme étant au-dessus de nous.

L'humilité est une valeur morale extraordinaire. L'expérimentation de l'approche CIDC nécessite l'appropriation totale de cette valeur. Elle favorise l'accès à l'information au travers des conversations liées au domaine d'activité dans lequel vous évoluez ou envisagez évoluer. Par ailleurs, un autre canal au travers duquel l'on peut également acquérir de la connaissance est ce grand dictionnaire qu'est l'outil internet.

3. Internet

Internet est devenu ce grand recueil d'informations incontournable. Internet permet aux internautes d'obtenir des informations dans multiples domaines.

Par ailleurs, internet est un outil qui contribue de manière considérable à l'éducation dans un pays. Il permet par exemple aux élèves et aux étudiants d'entreprendre des travaux de recherches.

Aussi, son accès a favorisé la création, le développement et l'internationalisation de certaines startups. Internet est donc aujourd'hui un outil stratégique de développement socio-économique.

Internet est devenu l'un des outils les plus stratégiques en matière d'apprentissage que le monde ait connu. Dans le cadre scolaire et universitaire, l'utilisation de l'outil internet est devenue un réflexe naturel chez les apprenants. Par ailleurs, il faut même dire que les avancées technologiques impulsées par l'esprit du modernisme qui valorisent de plus en plus les téléphones intelligents (smartphones), permettent désormais l'accès facile à internet à tout le monde; à toutes les couches de la société. En effet, d'un point de vue entrepreneurial et particulièrement dans le contexte africain, cela constitue une véritable opportunité d'auto-apprentissage pour la réalisation d'une ambition entrepreneuriale. Internet est une ressource immensément riche qui pourtant reste malheureusement et paradoxalement assez inexploitée chez bon nombre de jeunes africains ayant l'accès. Beaucoup de startups se développent grâce à internet bien entendu par le canal de ces puissants outils de propagande et de promotion que sont les réseaux sociaux. En cette ère de la startupisation que le monde traverse, l'outil internet reste la ressource la plus incontournable dans le développement d'une entreprise qu'elle soit économique ou sociale. L'usage de l'outil internet devient ainsi le quotidien des entrepreneurs à travers le monde.

La culture de l'usage de l'outil internet comme moyen d'apprentissage chez le jeune entrepreneur est un principe de réussite qui contribue au développement de ce dernier tant sur le plan éducatif, professionnel, que relationnel. Par l'usage de cet outil, beaucoup s'inspirent de certains modèles de fonctionnement d'entreprises ou d'organisations, voire même du certains individus. C'est le cas des mentors ou des motivateurs professionnels qui inspirent des milliers de personnes à travers le monde par l'entremise de leurs vidéos postées sur leurs chaînes YouTube par exemple. Ces supports constituent de véritables moyens d'apprentissage, et donc, de sources d'informations utiles au développement du processus de découverte du potentiel du jeune entrepreneur.

Le type d'usage de l'outil internet que l'on fait détermine le résultat qu'on en tire. En effet, sous un regard entrepreneurial, cet outil constitue un véritable facilitateur. De nos jours, de nombreuses importantes rencontres d'affaire se font par l'entremise de certains réseaux sociaux à l'exemple de LinkedIn, et donc constituent de véritables opportunités pour tous les abonnés. L'outil internet est donc cette plate-forme d'approvisionnement en connaissance que tout entrepreneur et précisément celui ou celle qui est en situation d'initiation, doit intégrer dans sa culture entrepreneuriale.

Il est vrai que le caractère gratuit d'une chose a tendance à naturellement influencer l'attitude de la personne qui l'aborde. C'est-à-dire que lorsqu'une chose nous est offerte gratuitement par exemple, on a instinctivement tendance à la négliger (Ceci est une attitude tout à fait humaine). L'accessibilité de l'information par l'outil internet nous est donnée gratuitement de façon générale. Pourtant, nous ne l'exploitons pas tous de la même manière. En effet, l'un des facteurs qui l'expliquent le mieux reste le caractère gratuit de la chose. Il faut dire que humainement parlant, on accorde peu d'importance et de considération à tout ce qui est gratuit ou moins cher. D'un point de vue commercial, il est vrai que le prix d'un article reflète sa valeur et son importance, et ce, aussi bien en fonction de sa qualité que de la période à laquelle il est mis sur le marché. Cette réalité purement commerciale exerce plus ou moins une certaine influence psychologique chez l'homme de façon générale lorsqu'il s'agit de la gratuité de l'information sur internet. (Avant d'aborder la chose autrement j'en avais personnellement l'expérience).

Cependant, la mentalité d'entrepreneur doit pouvoir nous amener à aimer la recherche, à exploiter les informations de notre recherche, et ce, quel que soit le caractère de son accessibilité (payant ou gratuit). *N'oubliez pas que l'information est ici le mot-clé, et donc, ce qui détermine votre évolution dans cette aventure entrepreneuriale*.

■ *Le mixage*

Il y a une technique qui m'est assez familière dans l'usage de l'outil internet, c'est bien celle que j'appelle le « *mixage* ». En fait, cette technique consiste à diversifier de façon maximale et stratégique les types de supports d'information dans le cadre de votre recherche. Par exemple, si vous voulez savoir comment créer une entreprise sociale. Comment s'y prendre dans votre recherche? En effet, vous devez pouvoir utiliser vos sens les plus actifs (La vue et l'ouïe) dans ce contexte bien précis pour arriver à une compréhension assez poussée sur l'objet de votre recherche. Cela revient donc dans un premier temps à rechercher des supports écrits en diversifiant les formats.

Pratiques recommandées :

1. Insérez le sujet de votre recherche sur Google et faire un choix parmi les propositions des sites qui abordent la question.
2. Insérez à nouveau sur Google l'objet de votre recherche en mettant un point à la fin et suivi de "pdf" (.pdf) pour obtenir un fichier numérique en version "pdf" du même sujet (il y aura plusieurs propositions, vous ferrez donc le choix en fonction de votre intérêt).
3. Insérez une fois de plus sur Google l'objet de votre re-

cherche en mettant un point à la fin et suivi de "ppt" (.ppt) pour obtenir un autre fichier numérique en version Power-Point du même sujet. (ici, il y aura également plusieurs propositions, vous ferrez le choix en fonction de votre intérêt).

❖ ❖ ❖

L'ensemble de ces supports va vous permette d'avoir différentes sources d'informations en divers formats écrits sur un même sujet. Cet exercice est d'une richesse intellectuelle extraordinaire surtout lorsqu'on y met de la passion et une forte dose de curiosité intellectuelle. Le souci du détail reste naturellement un principe fondamental dans cet exercice.

Enfin, après avoir usé des supports écrits, il serait également intéressant d'utiliser les supports audio-visuels.

❖ ❖ ❖

Pratiques recommandées :

1. Allez sur un réseau social visuel à l'exemple de YouTube en insérant l'objet de votre recherche.
2. Choisissez des vidéos en fonctions de votre intérêt.

Cet exercice consiste donc à revoir des informations imagées et audio liées à l'objet de votre recherche, en plus des informations par supports écrits. Ceci conduit le pratiquant à une meilleure approche dans son apprentissage ou dans sa recherche par l'outil internet. C'est donc diversifier de façon maximale et intelligente les supports et les sources qui abordent un même sujet, et cela, pour une compréhension plus profonde. *C'est le Mixage* !

❖ ❖ ❖

III.   La culture du dur labeur

La culture entrepreneuriale selon l'approche CIDC repose également sur la culture du dur labeur. En effet, elle est l'expression d'un dur labeur caractérisé par des efforts consentis de manière déterminée pour réussir. La culture du "dur labeur" est une vertu incontournable qui porte son fruit en son temps, et qui procure au pratiquant, le sens du respect et de confiance en soi. La culture du dur labeur est un état d'esprit qui permet au pratiquant d'avoir le sens de l'ambition et de l'orientation. Un visionnaire est avant tout une personne dévouée à une cause bien spécifique et s'investissant corps, âme et esprit pour y arriver.

Lorsqu'on entend l'expression "dur labeur", l'image de l'agriculture sonne à l'esprit et nous donne une idée de la pénibilité de la réalité de la chose. En effet, le principe "**Semer, Cultiver et récolter**", comme on l'a vu, est une parfaite illustration de la réalité du dur labeur. Cette notion propre à l'esprit entrepreneurial est à mon avis, l'infrastructure psychologique de base que tout entrepreneur doit intégrer dans sa culture pour mieux affronter les défis à rencontrer en chemin. Cette attitude (le dur labeur) est donc une arme qui permet de se défendre dans ce monde englouti par tant de possibilités d'échecs. La mentalité d'entrepreneur selon l'approche CIDC inculque au jeune entrepreneur cette disposition d'esprit à travailler dur de manière dévouée, diligente et passionnée malgré les difficultés en présence. Il s'agit particulièrement de cette capacité à aller de l'avant en usant de son intelligence pour réussir de façon honnête, digne et juste. Il faut dire que la culture du dur labeur constitue la qualité première de "*l'entrepreneur social*".

En cette ère de la mondialisation où « l'idée de facilité » ne cesse de gagner la pensée des gens, l'idée de dur labeur quant à elle subit graduellement une dévalorisation. Ce qui explique pourquoi la paresse ne cesse de gagner du terrain chez bon nombre de jeunes à travers le monde. Tout semble faciliter les activités humaines pourtant rien ne semble faciliter la capacité de l'homme à préserver cette valeur noble qu'est le dur labeur. L'idée de « travailler dur » pour bâtir sa réussite et éprouver un sentiment de fierté et d'accomplissement a tendance à disparaitre dans la mentalité de beaucoup. Cette maladie sociale mondiale est causée et entretenue par des inventions de tout genre qui se créent chaque jour. Elle est également matérialisée par la propagande des jeux de hasard, et de plus en plus par les réseaux sociaux là où on peut retrouver des « *vidéos incitant à la richesse facile sur You Tube* » qui mettent en exergue l'idée du genre "*Devenez riche en peu de temps !*" ou "*Devenir Milliardaire sans effort !*". Bref, tout un tapage marketing incitant à cultiver la paresse, et mettant ainsi la notion de l'effort à son plus bas niveau. Certes le travail est pénible et exigent. Cependant, nous ne sommes pas censés faire de lui un objet d'assujettissement, d'humiliation et d'indignation de l'homme par l'homme. La société actuelle socialise, voire légalise tout type activité susceptible de générer des millions de dollars même si cela venait à être au détriment et au mépris total du bon sens, de la pudeur, du vivre ensemble, et surtout des valeurs d'honnêteté, de dignité et de justice. Ces activités illégitimes finalement légitimées et inacceptables finalement acceptées ne cessent de mettre en péril l'avenir des générations futures.

C'est en effet dans ce contexte, que *les entrepreneurs sociaux doivent se lever et œuvrer pour la revalorisation de la culture de l'effort et de celle du dur labeur*.

L'approche CIDC prône le *succès mérité* basé sur les valeurs d'honnêteté, de dignité et de justice.

■ *Le mérite*

Tout travail mérite un salaire. On ne le dira jamais assez, car ceci est un principe divinement consacré. La notion de mérite trouve tout son sens lorsque l'effort dans le travail a été fourni. Qu'y a-t-il de plus beau que de jouir du fruit de son travail? Qu'y a-t-il de plus honorable que de prendre son salaire après avoir investi un temps de travail intense? Quel sentiment de fierté et d'accomplissement!

En effet, mériter veut dire être digne de récompense par ses talents et ses services. La culture des privilèges qui vise à accorder des avantages à des proches au grand mépris du respect de la notion du mérite, constitue une véritable menace à cette grande valeur.

Le mérite nécessite de l'effort dans le travail. Comme on l'a vu dans le chapitre précédant, le proverbe africain qui dit "*Avant de sucer le miel, il faut affronter les abeilles.*" est un proverbe qui m'a personnellement, beaucoup aidé à mieux appréhender la réalité de ce principe universel (le mérite nécessite de l'effort dans le travail). Je suis convaincu que cela émane de la profondeur de la vérité selon laquelle ***l'homme mangera à la sueur de son front***.

Je pense que le développement d'une société passe par le respect de ce principe divinement établi : *le mérite*. Cela est déterminé par les pratiques des individus d'abord à l'échelle familiale avant d'arriver à l'échelle professionnelle. En effet, ce que nous faisons à petite échelle, se reflète toujours à grande échelle. Si l'on est fidèle dans de petites choses, nous le seront également dans les plus grandes. De même, si nous travaillons de façon honnête, digne et juste dans de petites choses, nous le ferons tout naturellement dans les plus grandes. En fait, "*rien ne se perd, rien ne se crée, mais tout se transforme*" disait Lavoisier. Le manque de respect du principe du mérite crée des dysfonctionnements multiformes et des frustrations sociales qui sont à l'origine de plusieurs crises à travers le monde. J'en veux pour preuve, le *printemps arabe* dont on subit encore les effets.

Ainsi, ce principe nous permet de faire une meilleure lecture de la situation sociale et économique de nos pays en Afrique. Je pense que tout le monde a besoin d'actualiser l'observation de ce principe propre à la culture du développement tant dans sa vie personnelle que professionnelle.

Le rôle de l'entrepreneur social, pratiquant des principes Cidciens, est de transmettre ces valeurs et principes à son entourage pour contribuer à l'édifice d'une communauté de personne ayant la culture de dur labeur. Il est donc important pour les entrepreneurs sociaux de revaloriser la notion du mérite, chacun dans sa parcelle d'autorité.

Plus on respecte la notion du mérite, mieux la culture de l'excellence sera valorisée.

1. La culture de l'excellence

Il est vrai que tout travail mérite un salaire. Pourtant, s'il y a une autre vérité qui échappe de plus en plus à l'esprit de beaucoup à ce sujet, c'est belle et bien l'influence de la qualité du travail fourni sur le fruit récolté. En effet, la qualité du travail influe sur celle du résultat produit; s'il est fait avec négligence, cela se fera naturellement constaté. Bien entendu, s'il est fait avec dévotion, il est clair que cela ne passera pas inaperçu non plus. Dans tous les cas, ce principe reste réel. Mais ce qu'il faut dire ici, c'est que la culture du dur labeur et du succès mérité sont autant de facteurs qui doivent inciter à l'excellence. Il ne s'agit pas ici de travailler dix fois plus dures pour espérer gagner dix fois plus. Par contre, il est question ici d'épouser une culture d'excellence dans l'exercice de son activité, laquelle consiste à donner de la valeur à ce que l'on fait et à voir plus grand dans l'avenir.

■ *Donner de la valeur*

Dans la sphère de l'entrepreneuriat en général, tout est question de marketing. Tout tourne autour de la manière avec laquelle l'on vend une idée, un service, un produit, une entreprise, un partenaire, un projet etc. En fait, ce qui caractérise généralement l'esprit marketing c'est ce désir de susciter l'admiration d'un concept ou d'un produit nouveau chez sa cible. C'est-à-dire que chacun défend sa chose à sa manière dans le seul et unique but de susciter premièrement, l'attention ; ensuite l'intérêt ; puis l'adhésion ; et enfin, la considération d'une cible bien choisie. Autrement-dit, l'entrepreneur est un marqueteur, sinon le premier marqueteur de son idée, de son projet, mieux de son entreprise.

En tant qu'entrepreneur, vous êtes la première personne qui doit donner de la valeur à votre activité. En effet, c'est en valorisant vous-même votre structure que les autres autour de vous pourront être amenés à emboîter le pas. Ainsi, donner de la valeur à son activité est donc quelque chose de capital dans la sphère de l'entrepreneuriat.

S'agissant de l'entrepreneuriat social dans le contexte africain, je dois dire que l'idée de la professionnalisation des structures associatives par les propriétaires eux-mêmes, reste encore une entreprise assez difficile pour certains et pour d'autres quelque chose de complétement inutile. En effet, cela s'explique par le fait que l'entrepreneuriat social tel que vécu en Afrique, est encore perçu comme un secteur précaire. Lorsqu'on essaie d'analyser la chose en profondeur, l'on se rend bien compte que l'influence culturelle joue de façon considérable sur la compréhension de la chose chez bon nombre de personnes, y compris chez certains entrepreneurs sociaux eux-mêmes. Assez paradoxal ! *Mais, l'entrepreneuriat social, c'est quoi au juste? Qui est-ce qu'on peut appeler entrepreneur social?*

De manière simple et concrète, l'entrepreneur social est une personne qui affirme sa citoyenneté en s'engageant à œuvrer pour une cause commune au travers d'une entité associative comme une association, une organisation-non-gouvernementale (ONG) ou une coopérative. L'entrepreneuriat social n'est rien d'autre que l'engagement à entreprendre dans le cadre d'une organisation de la société civile quel que soit le domaine d'activité. Cela peut être dans les domaines du développement communautaire, l'éducation, les droits humains, l'environnement, la santé, le commerce, l'agriculture, l'écologie etc.

En encadrant plusieurs jeunes dans le contexte de l'entrepreneuriat en général, j'ai pu me rendre compte de la lecture que certains font de l'entrepreneuriat social. En effet, lorsque les jeunes entendent les mots tels que *"ONG"*, *"Association"* ou *"Coopérative"* (bien sûr dans un contexte local ou national), l'idée qui leur vient à l'esprit au premier abord est qu'il s'agit « *d' un groupe de personnes pauvres et désespérées qui se mettent ensemble pour essayer de trouver des solutions à leur nombreux problèmes*". A vrai dire, ils n'ont pas tout à fait tort de décrire les choses comme telles (sous ces termes-là), ça se comprend ! Cependant, ce serait incomplet de situer l'entrepreneuriat social uniquement à cette dimension-là, c'est-à-dire la dimension économique. En effet, l'entrepreneuriat social implique l'esprit de solidarité en vue de la satisfaction d'un certain nombre de besoins et de l'atteinte de certains objectifs communs qui peuvent être liés aux domaines social, économique, culturel, sanitaire, humanitaire, politique, religieux, ou environnemental d'un groupe particulier de personnes.

Il faut dire que cette façon de voir l'entrepreneuriat social a affecté beaucoup de personnes y compris certaines personnes qui s'y engagent aujourd'hui. De ce fait, beaucoup de leaders d'associations évoluant aussi bien en milieu rural qu'en milieu urbain, ont du mal à professionnaliser leur entreprise sociale. Il est donc important que les leaders des structures associatives considèrent leur organisation comme de véritables entreprises dans leur dimension la plus professionnelle possible.

Avec un peu de volonté on peut y arriver.

■ *Donner de la grandeur*

Valoriser ce que l'on fait dans le cadre de l'entrepreneuriat est généralement un réflexe impulsé par la vision qu'on a de la chose.

Il m'a semblé bon de parler d'abord de la notion de *valorisation* avant d'aborder celle de la *vision de grandeur*. En fait, j'estime qu'en toutes choses nous devons apprendre à nous donner entièrement, c'est-à-dire à donner le meilleur de soi pour l'aboutissement d'un résultat positif. Je dirais que c'est un investissement total de notre part; c'est toute une culture. Cependant, pour mieux intégrer cette pratique dans notre culture entrepreneuriale, il faut impérativement tenir compte de la notion de grandeur. Autrement dit, « *il faut rêver grand* » comme on l'entend dire vulgairement ici et là.

Il s'agit donc d'épouser cette culture de l'excellence qui vous projette toujours dans le futur pour visualiser de façon permanente votre objectif ultime. La pensée de grandeur ne doit pas être confondue à la pensée de supériorité ou à une haute opinion de soi-même. Par contre, elle est une disposition d'esprit qui consiste à rêver grand, à avoir le sens de l'ambition et à agir en conséquence.

Une personne qui rêve grand aura tendance à agir d'une manière spéciale, c'est-à-dire à agir au-delà de tout ce qui est ordinaire, et donc, traditionnel. Elle aura tendance à défier le statu quo.

La pensée de grandeur implique la notion de l'action, et surtout de la persévérance dans l'action. De façon générale, la vie est une aventure faite de hauts et de bas. Il en est de même dans le domaine de l'entrepreneuriat. L'aventure des entrepreneurs est donc caractérisée tant par des possibilités que par des difficultés de tout genre. Avoir une vision de grandeur dans son activité constitue une ressource assez solide pour mieux affronter les circonstances susceptibles de se présenter en chemin. En fait, l'aspirant entrepreneur doit pouvoir se dire en lui-même "*Ma vision est bien plus grande que la circonstance actuelle qui semble m'accabler. Je reste focalisé sur ma vision!*"

2. La persévérance

Je pense que la réussite dans le domaine de l'entrepreneuriat est essentiellement déterminée par la capacité de l'entrepreneur à persévérer dans son activité en dépit des circonstances hostiles à sa progression. Généralement, les challenges à surmonter sont près de nous. Ça peut être notre entourage, notre famille, nos amis, ou nos collaborateurs. Ça peut être une parole décourageante ou intimidante à votre égard. Ça peut être de la trahison ou de la jalousie. Ça peut être des querelles, des concurrences etc. Tels sont des défis que tout entrepreneur leader traverse avant de réussir. C'est ce que la bible appelle le "*baptême de feu*". Parlons un tout petit peu du leadership.

■ *Le leadership*

Il existe plusieurs définitions du mot "*Leadership*". Ce qu'on peut retenir de toutes les définitions existantes, c'est le sens de la racine du mot "***Lead***" en anglais qui est un verbe irrégulier qui signifie en français "***Diriger ou conduire***". Dans le contexte de l'entrepreneuriat, il est évident que pour conduire ou diriger des personnes, cela nécessite une certaine parcelle d'autorité ou de légitimé, et donc, une certaine capacité d'influencer dans l'exercice de son activité. Cela me conduit ainsi à employer ici une définition qui émane d'une expérience personnelle. En effet, je pense que le leadership est un état d'esprit qui consiste à exprimer son talent, lequel exerce une certaine influence positive dans un environnement donné. Le leadership est donc cette attitude ; ce caractère que le leader se forge dans le temps au travers des épreuves rencontrées en chemin. ***Un leader est une personne qui initie, qui influence et qui contribue au développement d'un groupe ou d'une communauté donnée***. Pour y arriver, l'idée de persévérance doit nécessairement faire partie de son armure mentale. S'il y a une vérité à savoir à ce sujet, c'est qu'aucune grande réalisation dans ce monde n'a été faite sans oppositions.

La persévérance occupe donc une place capitale dans la culture entrepreneuriale d'un entrepreneur. Elle détermine son action, et surtout sa réaction face aux multiples situations difficiles susceptibles de lui arriver. Je dois dire que cette notion de persévérance est l'un des piliers phares d'une bonne culture entrepreneuriale. En ce qui me concerne, je peux dire en effet que c'est également grâce à cette culture de persévérance que cet ouvrage que vous lisez en ce moment a pu voir le jour.

La tentation d'abandonner est toujours près de nous. Ce que tout débutant doit savoir, c'est qu'elle sera toujours là soit jusqu'à ce qu'on cède ou jusqu'à ce qu'on quitte ce monde. Tout le monde peut *semer*, tout le monde peut *commencer*, tout le monde peut *initier*, mais peu de personnes *cultivent*, et donc, **persévèrent**. La réussite dans l'entrepreneuriat et dans toute autre activité humaine d'ailleurs, est passe par la capacité à aller de l'avant sans se relâcher malgré les défis en face. C'est tellement facile d'abandonner! Cette réalité est tout à fait universelle. Il est plus facile de détruire que de construire. En effet, la réussite se construit et s'entretient. Que ce soit la construction ou l'entretien, les deux nécessitent **le sens de la persévérance**. Ainsi, pour être un bon leader dans votre secteur d'activité, vous devez impérativement faire montre de persévérance dans tout ce que vous entreprenez.

Dans le contexte de l'entrepreneuriat social, l'exigence de la persévérance s'impose, car il faut dire que l'entrepreneur social incarne d'abord et avant tout une certaine représentativité dans son action. En effet, en œuvrant pour telle ou telle autre cause au travers d'une organisation, c'est en quelque sorte exprimer la voix de tout un groupe, voire de toute une communauté (ensemble de personnes concerné par l'objet de votre activité). De manière directe ou indirecte, si l'entrepreneur social arrive à influencer et à mobiliser des personnes autour de sa vision, c'est aussi grâce à sa capacité à persévérer dans son œuvre. En effet, c'est cette faculté propre au leadership qui suscite de la crédibilité et une certaine légitimité chez le public. **Un leader n'aban-**

donne pas, il va jusqu'au bout de son rêve. En somme, pour jouir du fruit du dur labeur, la persévérance constitue une arme dont il faut impérativement s'approprier pour être à même de bien servir les autres.

IV. La culture du service

S'il y a une chose qui est commune à tout entrepreneur évoluant dans le contexte associatif, c'est bel et bien *la notion du **service***. En effet, l'idée motrice de ce type d'entrepreneuriat ici fait écho à la pensée de l'entre-aide ou de l'assistance mutuelle. Il est donc question de la culture du service. La culture du service est un principe essentiel à la mentalité de développement à laquelle aspire tout un chacun. Je dirais qu'elle est un réflexe naturel chez tout citoyen engagé dans le développement socio-économique de sa communauté, de son pays et de son continent. Elle est un état d'esprit qui prône le *savoir vivre-ensemble*, et donc, le développement communautaire.

Je pense que chacun d'entre nous est appelé à rendre service à au moins une personne se trouvant dans le besoin. Si l'on a découvert son potentiel, et que par la suite, développé, la logique des choses voudrait que l'on s'en serve pour le mettre au profit des autres. Que ce soit dans un contexte commercial ou bénévole, la notion du service y est toujours représentée.

Le service est l'essence même de l'entrepreneuriat social (l'engagement civique) et la culture entrepreneuriale selon l'approche CIDC se veut en être l'un des ambassadeurs chez la jeunesse africaine. En effet, cette culture est destinée à sauver les générations futures de la mentalité de sous-développement. La culture du service dans l'entrepreneuriat social est une force qui marque, et qui transforme des mentalités et des vies. Pour mieux appréhender la réalité de cette assertion, j'aimerais vous inviter à faire une appréciation sur trois situations qui semblent assez proches l'une de l'autre mais qui restent tout à fait distinctes.

Une personne qui rend service à une autre de façon gratuite sans avoir été sollicitée au préalable.

1. Une personne qui rend service à une autre de façon gratuite après avoir été sollicitée.
2. Une personne qui rend service à une autre moyennant de l'argent après avoir été sollicitée.

Alors, quel bénéficiaire selon vous éprouverait-il plus de joie....?

Je présume que votre réponse est portée sur le bénéficiaire du premier cas de figure, n'est-ce pas?

En effet, dans cet exemple, il peut s'agir d'un individu (personne de bonne foi) qui a certainement été sensible à l'existence d'un besoin chez une autre personne, et qui a agi en conséquence sans pourtant avoir reçu une quelconque demande d'aide de la part de l'autre. Le résultat d'un tel geste est très souvent caractérisé par l'expression d'une profonde gratitude de la part du bénéficiaire, et qui peut souvent s'avérer extrême. En fait, ce qu'il faut retenir ici, c'est la portée de la culture du service dans son sens le plus bénévole possible. Ainsi, le bénévolat représente donc un principe essentiel à la culture du service. *Un bon leader doit avoir comme caractéristique première la mentalité de serviteur, et cela passe par l'esprit bénévole*.

1. Le bénévolat

Le monde associatif est constitué de plusieurs personnes volontaires qu'on appelle "*membres ou adhérents*", lesquelles unissent leurs forces en vue de l'atteinte d'un but collectif. En effet, l'implication de chaque membre, du dirigeant au membre simple, joue un rôle utile à la réalisation des activités de l'organisation. Généralement, ces activités sont faites de manière bénévole. En effet, le bénévolat est le fait pour une personne d'accomplir volontairement, de bon gré, un travail non rémunéré. Un bénévole est donc une personne qui a l'esprit de service.

Le bénévolat joue un rôle majeur dans la construction d'une culture entrepreneuriale solide et fructueuse. Au travers de la culture du bénévolat, l'on accède à l'un des plus grands principes de grandeur divinement consacré qui dit : *Celui qui veut être le plus grand doit être le serviteur de tous*. En effet, le bénévolat enseigne plusieurs leçons et valeurs de grandeur d'esprit et de personnalité. Il enseigne des principes d'humilité, de respect, de soumission, de service, d'engagement, de responsabilité et de bien d'autres. Pourtant, il faut dire que la culture du bénévolat est difficilement reçue lorsqu'on a en face de nous une population constituée de chômeurs, de personnes sans qualifications, de personnes handicapées et de personnes socialement marginalisées. Un travail de sensibilisation et d'éducation sur la question s'avère donc nécessaire. Ce travail a pour but d'éveiller le sens de la citoyenneté et de la responsabilité chez chaque individu. Autrement dit, il s'agit de renforcer la valorisation de la culture de l'engagement civique pour favoriser la dynamisation de l'entrepreneuriat social en vue d'un développement communautaire durable pour notre très cher continent Africain. Comme on l'a vu dans le deuxième chapitre, l'individu est au centre de la question du développement de la société en général et de sa propre vie en particulier. Ce qu'il doit savoir c'est que la culture du bénévolat constitue l'un des socles sur lequel repose cette mentalité de développement.

Je dois dire que toutes les expériences professionnelles que j'ai pu acquérir avant d'écrire cet ouvrage, sont bel et bien le fruit d'une culture de bénévolat forgée depuis l'année 2012.

La culture du bénévolat telle que je l'ai vécue selon l'approche CIDC conduit à de prises d'initiatives personnelles contribuant au développement de l'organisation à laquelle l'on appartient. Il faut dire que cela ne peut se faire que lorsqu'on dispose d'une certaine expérience, et surtout d'une certaine légitimité de la part de nos supérieurs. Il est également important de souligner que le développement d'une telle philosophie passe également par l'amour et la passion que l'on a pour la cause que défend l'organisation.

2. L'amour

Il n'y a rien de plus grand dans ce monde que l'amour. L'amour est une force qui anime l'être humain à agir en faveur de son prochain et ce, en dépit des circonstances. Dans le cadre de l'entrepreneuriat social, Il sied de dire que l'amour est ce fondement solide sur lequel toute œuvre humaine subsiste d'âge en âges. En effet, lorsqu'on éprouve de l'amour et de la passion envers quelque chose, l'on est naturellement poussé à donner le meilleur de nous pour l'accomplissement d'une œuvre en rapport avec cette chose. Ce qui caractérise le mieux un entrepreneur social c'est sa passion. Il ou elle est d'abord et avant tout une personne passionnée pour la cause d'une communauté donnée. Cela peut être dans divers domaine d'activité à l'exemple des droits humains, de la protection environnementale, de l'éducation, de l'aide humanitaire, de l'assistance aux personnes indigentes, aux femmes et aux jeunes etc. Lorsqu'une action est posée sous l'impulsion de l'amour, *elle est bénie et fructueuse*. Elle apporte une véritable valeur ajoutée de la vie du bénéficiaire.

L'entrepreneur social passionné est donc un acteur clé qui contribue au développement communautaire de par ses initiatives personnelles.

Témoignage :

Un jour, j'ai fait la rencontre de deux startupeurs qui s'étaient engagés dans un processus d'étude de marché en vue du lancement d'une activité commerciale. Ces derniers faisaient donc du porte à porte. Les ayant reçus chez moi, ces ils m'édifièrent sur leur nouveau business avec beaucoup de passion. J'avoue que j'étais assez admiratif et intéressé par leur sens d'innovation. Aussi, cela me faisait énormément plaisir de voir des jeunes personnes en situation de chômage, se battre pour améliorer leur condition de vie avec tant de passion dans leur approche. En effet, après les avoir écouté pendant un temps, je les félicitai et les encourageai à persévérer dans cet élan. Je dois dire que mon discours d'encouragement se transforma très rapidement en *une séance de motivation* à tel point qu'il leur était très difficile de poursuivre leur activité de collecte d'informations. Nous passions ainsi près d'une heure et demie d'entretien. Loin de moi l'intention de me glorifier. Mais ce jour-là, la mentalité de ces deux jeunes entrepreneurs avait subi un bouleversement positif. (Je paraphrase les propos de chacun d'eux au sortir de cet échange). C'était donc un renforcement des capacités !

Bref, ce que je veux dire ici, c'est que lorsqu'on a de l'amour pour ce que l'on fait, on est naturellement et parfaitement disposé à le transmettre à ceux qui nous écoutent et qui nous suivent. Cela se traduit généralement chez l'interlocuteur par un sentiment d'encouragement, de motivation, de force et d'envie d'aller de l'avant ; l'envie d'exceller dans son domaine. La culture du service prône l'amour comme valeur première, et cela, pour mieux servir son prochain et sa communauté.

En résumé :

La culture entrepreneuriale selon l'approche CIDC veut que l'aspirant entrepreneur épouse des valeurs et des principes qui impliquent :

- **La culture de la recherche de l'information** pour découvrir ses talents
- **La culture du dur labeur** pour développer ses talents
- **La culture du service** pour les valoriser et s'affirmer dans la société

CHAPITRE V

L'entrepreneuriat social (Une expérience personnelle)

Dans ce chapitre je partage mon expérience de l'approche CIDC.

I. La culture de la recherche (la curiosité intellectuelle)

Dans un premier temps, j'aimerais aborder un aspect de l'approche CIDC, notamment la curiosité intellectuelle qui renvoie ici à la culture de la recherche de l'information. En effet, avoir un esprit curieux constitue une véritable qualité mentale et intellectuelle chez celui qui aspire à aller loin dans sa carrière de jeune entrepreneur. La curiosité permet à l'entrepreneur d'apprendre de nouvelles choses, et cela, aussi bien dans son domaine de spécialité que dans bien d'autres. (On le verra plus devant.)

Je dois dire que cette disposition d'esprit a favorisé le développement de ma culture entrepreneuriale au travers de différentes approches telles que la *lecture*, la *documentation* et la *recherche*. En effet, cela m'a permis de faire la merveilleuse découverte des nombreux talents enfouis en moi. Cela m'a également permis de mieux assoir ma vision pour le développement communautaire en Afrique à travers mon organisation **JM Entrepreneurship**.

Je dois donc affirmer que la curiosité intellectuelle chez l'entrepreneur est un atout considérable qui génère de multiples opportunités d'acquisition d'informations et d'expériences. J'ai commencé à développer le sens de la curiosité intellectuelle dans un contexte purement académique. Avant de poursuivre, il m'est important de mettre en avant le fait que j'ai toujours nourris une passion pour la langue anglaise, et ce, depuis le bas-âge. Tout au long de mon parcours scolaire, c'est-à-dire de la classe de sixième jusqu'en classe de Terminale, la matière de l'anglais avait toujours été ma préférée et donc mon point fort si je peux l'exprimer ainsi.

En 2012, déjà étudiant à la Faculté des Lettres et des Sciences Humaines (FLSH) de l'université Omar Bongo et précisément au Département d'Anglais, quelque chose d'extraordinaire va se passer dans ma tête. En effet, je me suis rendu compte que le programme académique du département, tel que conçu et présenté en ce temps-là, ne me présentait que deux grandes possibilités de carrière professionnelle. La première était la profession d'enseignant en grammaire anglaise soit dans des collèges (premier cycle) ou dans les lycées (second cycle) ; bien entendu après avoir fait le concours de l'E.N.S (École Normale Supérieure). La dernière quant à elle, était la carrière de chercheur (professeur) soit en littérature ou en civilisation américaine, britannique ou africaine.

Ne trouvant mon compte dans aucune de ces options-là, je me suis très rapidement intéressé à quelque chose d'autre. En effet, avec le temps, je me suis rendu compte que ma passion pour la langue anglaise me permettait d'apprendre un peu plus sur la culture anglo-saxonne, et ce qui me marquait le plus parmi les aspects culturels de cette communauté, était *la culture du dur labeur*; celle de *l'effort* et de *la recherche*. Ce penchant m'a donc permis de m'intéresser au vocabulaire du domaine de l'entrepreneuriat. Ce fut donc un pas initiatique!

J'ai donc commencé à me cultiver sur des sujets liés au domaine des entreprises, puis à celui de la communication et enfin à celui du tourisme en utilisant l'outil internet. Je dois dire que l'intérêt que j'accordais à cet exercice était si particulier et si fort que je pouvais passer des heures entières à m'instruire sur le vocabulaire de chacun de ces secteurs tout en essayant de comprendre leur fonctionnalité. Au fur et à mesure que je m'adonnais à cet exercice de recherche, je commençais à développer de mieux en mieux de l'aisance dans mon expression en Anglais et notamment au travers des conversations avec des condisciples, et surtout lors des exposés en classe. Je dois dire qu'il m'était désormais habituel d'avoir les meilleures notes lorsqu'il s'agissait des exposés. Ainsi, plus je jouissais du fruit de ce travail (au travers de mes résultats), plus cela procurait en moi de la motivation et de l'assurance à tel point que je faisais désormais de la recherche mon passe-temps favori. Aussi paradoxal que cela pouvait paraître en ce temps-là, je me mettais à étudier de manière simultanée des leçons (sujets) liées à l'objet de ma passion et celles inscrites dans le programme académique. J'étais donc à cheval entre les deux. En fait, d'un côté j'étudiais parce qu'il me fallait réussir et obtenir un diplôme (la licence) et d'un autre, je me cultivais parce qu'il me fallait acquérir de la connaissance dans un domaine qui me passionnait, à savoir *l'entrepreneuriat touristique* en ce temps-là.

Un jour, toujours dans ce processus de recherche, je fis la rencontre d'une jeune étudiante qui se prénommait Sheryl. Celle-ci poursuivait ses études en gestion touristique dans une école supérieure de la place. En effet, après l'avoir sollicitée pour un éclairage sur l'objet de ses études, cette dernière me fit tout un exposé sur le tourisme de façon passionnée avec un sens de professionnalisme assez poussée. A la lumière de la richesse des informations reçue par cette dernière, je dois dire que ce jour, je fus davantage séduit par le domaine du tourisme en général et particulièrement du tourisme dans le contexte du Gabon. Aussitôt, je me suis attaché à celle-ci pour en savoir plus jusqu'à ce qu'un jour je lui demandai de me prêter ses cahiers de cours en gestion touristique.

Je parcourais ces documents tous les jours, car ils étaient très précieux à mes yeux. J'étudiais donc ces leçons comme si je suivais la même formation que Sheryl. En même temps, du côté de l'université, mes résultats lors des contrôles devenaient de plus en plus excellents. Mon passage au niveau supérieur n'était donc plus qu'une évidence.

Un jour, alors que nous étions en fin d'année académique, un camarade de classe m'informa d'une opportunité de recrutement lié à un travail temporaire qui devait avoir lieu lors de la CAN 2012 co-organisée par le Gabon et la Guinée Équatoriale. Ce dernier me fournis toutes les informations utiles pour postuler à ce programme dénommé « Programme volontaire COCAN Gabon » piloté par le Comité d'Organisation de la CAN. Ayant marqué un fort intérêt à ce sujet, je me suis immédiatement attelé à réunir toutes les pièces constitutives du dossier parmi lesquelles mon curriculum vitae qui était vide d'expérience professionnelle en ce temps-là. Par la suite, je me suis rendu à l'agence du COCAN afin de soumettre ma candidature. Dans les mois qui suivaient avant le mois du lancement de la compétition (Janvier 2012), la période des entretiens de présélection s'est tenue à l'agence du Comité d'Organisation de la CAN. En effet, je fus appelé pendant cette période pour être reçu en entretien.

L'entretien se déroula dans un premier temps en français puis en anglais. Après avoir fait bonne impression durant cet échange avec l'agent Cocan, ce dernier me dit *"Vu que tu t'exprimes bien en anglais je préfère que tu sois affecté en zone aéroport dans la commission Accueil-Protocole"*, ce qui veut donc dire que je fus d'emblée retenu. Au sortir de cet entretien, je m'investissais d'avantage dans la recherche afin de perfectionner mes compétences communicationnelles dans la langue et mes connaissances dans le domaine de l'accueil.

La compétition débuta en janvier. Je fus placé dans l'équipe de volontaires affectés dans la commission Accueil-Protocole en zone aéroport comme prévu. Nous travaillions en binôme et les tâches qui nous étaient assignées consistaient à fournir des services de renseignement et de guidage aux visiteurs internationaux. Ce fut donc ma toute première expérience professionnelle dans le domaine de l'accueil, laquelle m'a permis de développer mon expression en anglais vu que la plupart des délégations qu'on assistait étaient essentiellement constituées de personnes anglophones. Il faut dire que tout ce que j'avais accumulé comme expérience préparatoire au travers de mes recherches personnelles, m'étais d'un apport assez considérable.

Un jour, parmi les nombreux visiteurs qu'on recevait, je fis la rencontre de deux photographes professionnels d'origines botswanaises dont l'un s'appelle Lesego Gothusang et l'autre Moni. En effet, ces deux visiteurs étaient à la recherche d'un hôtel proche du stade appelé "*Stade de l'amitié Sino-gabonaise*" (le stade qui abritait les matches joués à Libreville). Il faut dire qu'en ce temps-là, la majorité des hôtels de la zone était saturée. Vu que ces derniers tenaient à être logés près du stade, et vu que mon défunt père résidait non loin de là, notamment dans une cité militaire appelée "*Citée des ailes*", je leur fis donc la proposition de loger chez mon père moyennant une somme forfaitaire par jour. Cette proposition leur plût et immédiatement je les fis prendre un taxi en direction du domicile de mon père après avoir informé ce dernier de leur arrivée. Ils passèrent en tout une semaine et quelques jours avant de retourner sur le Botswana. J'étais expressément allé séjourner chez mon père pour profiter de la présence de ces deux "touristes" afin de perfectionner mon anglais. Cela avait constitué donc un véritable bain linguistique pour moi et une véritable opportunité de développer une relation amicale avec ces derniers.

Par ailleurs, de façon presque simultanée, je fis également la rencontre d'une autre personne d'origine Botswanaise qui faisait partie d'un groupe de supporters de l'équipe nationale qu'on avait assisté à l'aéroport. Ce monsieur s'appelle Samuel Raditloko. En fait, après avoir fourni des renseignements à ce groupe, mon binôme et moi sommes retournés à notre poste. Mais après un certain moment, ce monsieur s'est rapproché de nous en nous disant "*Hey, salut les gars, vous savez quoi, j'ai vraiment apprécié votre hospitalité, j'aimerais avoir votre contact, et vous remettre le mien également. Si jamais ça vous intéresse de visiter le Botswana, sachez que je suis disposé à vous recevoir. Vous n'avez juste qu'à payer votre billet d'avion et le reste je m'en charge...*". J'avoue que sur le coup, j'étais à la fois excité et curieux, parce que je n'avais aucune espèce d'idée sur ce pays si ce n'était que sur son appartenance au continent Africain. Dans tous les cas, cette invitation m'intéressa particulièrement parce que j'envisageais aller en vacances de fin d'année en Afrique du Sud et vu que le Botswana en est un pays frontalier, cela constituait donc une véritable opportunité d'expérimenter le *"phénomène touristique"* que j'avais tant appris de façon théorique jusque-là. Je me suis dit en moi-même *"Je dois saisir cette opportunité"*. Nous avions donc échangé de contacts.

Cette bonne nouvelle avait sonné dans mon esprit comme une sorte de promotion, et par conséquent avait contribué à d'avantage à renforcer l'enthousiasme dans mon travail. Dans les jours qui suivaient, au fur et à mesure que je travaillais dans cet état d'esprit, j'acquérais de plus en plus de l'expérience et cela me permettait de mieux asseoir tout ce que j'avais appris au travers de mes recherches. Un jour, après avoir assisté un visiteur, l'idée de créer une entreprise spécialisée dans les services touristiques m'est venue à l'esprit. A vrai dire, je n'avais que l'image finale de cette idée de création d'entreprise, c'est à dire l'entreprise déjà opérationnelle. La question que j'ai dû me poser était de savoir comment est-ce qu'il fallait s'y prendre pour y arriver. Quelques minutes plus tard, une pensée m'a dit " *Suis instinctivement le mouvement de ta passion.*". (J'essaie d'exprimer fidèlement la pensée qui m'animait à l'instant même).

Par ailleurs, je restai en contact avec Samuel. Nous commencions à faire connaissance et lorsque leur équipe fut éliminée, celle-ci et le groupe de supporters devaient retourner au Bostwana. Le jour du départ des supporters botswanais, j'étais en déplacement (hors de ma zone de travail) et je reçu un appel de Samuel qui me dit " *Salut Martin, je rentre sur le Bostwana aujourd'hui. Je t'ai offert un t-shirt. Je l'ai remis à ton binôme. J'espère qu'il sera à ta taille! On reste en contact, allez prend soin de toi!*". Je fus particulièrement touché par ce geste et je me dis qu'il me fallait à tout prix visiter ce monsieur.

La compétition prit fin le 12 Février, jour de mon anniversaire, je crois que cette invitation au Botswana constituait pour moi un véritable cadeau d'anniversaire. Et là, je commençai à me rendre compte du caractère fructueux de la culture de la recherche, car si j'arrivais à bien communiquer avec les visiteurs, cela était en grande partie dû à ce travail préparatoire fait en coulisse.

Le mois qui suivait, je décidai de matérialiser cette ambition entrepreneuriale qui résonnait de façon permanente au fond de moi. L'idée de créer une structure à vocation touristique. Cela m'avait donc conduit à convier des amis (des personnes talentueuses) à prendre part à une réunion qui allait porter sur la présentation de ce projet. Nous nous sommes donc retrouvés à l'université Omar Bongo. Nous étions au nombre de sept. Après avoir présenté la vision et l'objectif du projet, l'assemblée opta pour la création d'une association à but non lucratif compte tenu des moyens financiers assez limités des membres. Le nom de l'association était AGS (Around Gabon Services). Il faut dire au passage que nous étions majoritairement des étudiants en ce temps-là.

Cependant, sachant qu'aucun de nous ne disposait d'une quelconque expérience professionnelle aussi bien dans la gestion d'une entreprise que dans celle d'une association, l'idée de la nécessité de se faire former s'était donc naturellement imposée à nous! Qui va nous former?

N'ayant pas trouvé de réponse à cette question, le projet connu malheureusement une certaine stagnation et plus tard un profond sommeil.

Néanmoins, j'étais toujours engagé dans la dynamique de la recherche (la culture générale) espérant un jour voir cette vision s'implémenter. Parallèlement, j'étais en pleine préparation de mon voyage.

Juillet 2012, je pris l'avion pour l'Afrique du Sud, Johannesburg. Deux semaines plus tard, je me rendis à Pretoria où Samuel m'attendait dans son véhicule. (Nous voyagions par voie routière). Arrivée à Gaborone, capitale du Botswana, je fus accueilli par sa famille (sa femme, sa belle-mère et ses deux garçons). C'était une expérience assez singulière que de se retrouver devant des personnes d'une culture différente de la sienne. J'étais donc au contact de la réalité de ce que je lisais dans "*mes cours de tourisme*".

Tout au long de mon séjour au Botswana, Samuel me faisait visiter différents coins comme Molepolole, Serowe, Lobatse. Il me présentait également à différentes personnes parmi lesquelles, Stux Tumelo Mogotsi, un jeune entrepreneur, ami de Samuel. Il faut dire que s'il y avait quelque chose d'assez récurrent dans nos conversations; c'était bel et bien « l'idée de l'entrepreneuriat ». En effet, Samuel lui-même, étant professeur dans une grande école à Lobatse, avait une activité entrepreneuriale qu'il exerçait parallèlement à sa profession. Tout cela m'avait énormément marqué et inspiré.

De retour au Gabon, l'idée de relancer la dynamique engagée au travers la structure AGS était constamment dans ma tête mais les choses ne semblaient pas être aussi faciles que je le souhaitais.

II. Intégration à une organisation

Quelques mois plus tard, je vais faire la rencontre d'un jeune entrepreneur social nommé Fouty Boulangua Mouleka. Cette rencontre eut lieu lors d'une circonstance bien particulière. En fait, il s'agissait d'un recrutement de personnes bilingues volontaires, organisé par son ONG ETG (RNCAGBT en ce temps-là). Ladite ONG avait initié ce programme de recrutement à l'occasion d'une prestation de service de guidage destinée à un groupe de près 350 touristes majoritairement constitués de personnes d'origine allemande. Ce groupe prenait part à une croisière internationale organisée par un tour opérateur international et devait participer à une excursion à Libreville. Lors de cette rencontre avec les différents volontaires, il y avait un monsieur qui faisait la présentation du programme d'activité de l'excursion. Ce monsieur était le président fondateur de l'ONG. Ce dernier en avait également profité de la circonstance pour présenter son organisation et faire l'invite aux adhésions pour les volontaires présents intéressés par cette idée.

Après avoir été édifié sur la signification du sigle RNCAGBT (Réseau National des Clubs d'Anglais pour un Gabon Bilingue et Touristique) et plus tard sur l'aspect touristique de l'ONG, je dois dire que j'avais presque instinctivement exprimé mon adhésion à cette vision, car je réalisai que celle-ci était en phase avec la mienne. En effet, en considérant la nécessité d'apprendre d'avantage du domaine touristique, et surtout de celui des ONG, je me suis tout simplement rendu compte du caractère opportun de l'adhésion à un tel groupe. En dépit du fait que l'organisation était naissante, je ressenti au fond de moi l'intérêt d'y *intégrer*.

Au moment de l'invite aux adhésions des personnes volontaires présentes (majoritairement des anciens et nouveaux étudiants du Département d'Anglais de l'université Omar Bongo), j'ai exprimé mon d'adhésion en remettant les frais d'adhésion. A la fin de la rencontre, je me suis rapproché du président pour obtenir plus d'informations sur le fonctionnement l'ONG.

Quelques jours plus tard, je pris part à l'excursion qui s'était d'ailleurs très bien déroulée. Je me souviens encore de la date du jour; c'était le 12 Février 2013. Après cette merveilleuse expérience, le président avait été marqué positivement par mon implication dans la couverture en image. Mon adhésion à la vision de l'ONG commençait à se faire ressentir.

Quelque mois plus tard, le président me confia la responsabilité d'administrer le département tourisme de l'ONG. J'avoue que le fait de n'avoir pas reçu une formation professionnelle dans ce domaine constituait pour moi un vrai challenge. Cependant, la recherche et la passion étaient les deux principaux supports sur lesquels je pouvais me baser pour m'impliquer activement dans la réalisation des activités de l'organisation d'une part, et d'autre, pour entreprendre des initiatives à la hauteur de ce poste. Cela me permit donc d'asseoir cette inquiétude tout à fait légitime.

III-   Développement du potentiel au sein de l'organisation

J'ai occupé le poste de responsable du Département Tourisme pendant près de deux ans et quelques mois. Cela m'a permis d'apprendre et d'acquérir de l'expérience tant sur le plan admi-nistratif, communicationnel, relationnel que technique, chose qui n'avait rien à voir avec l'objet de ma formation à l'univer-sité. C'était purement de l'entrepreneuriat. En effet, au travers de l'ONG, j'arrivais à animer le club d'anglais et de tourisme, des conférences en anglais, des reportages à caractère bilingue sur des thèmes liés à l'éducation et au tourisme. Je fournissais égale-ment des prestations d'interprétation et de traduction pour des institutions à l'instar de la mission diplomatique d'Afrique du Sud au Gabon, la Mairie de Libreville, l'Assemblée Nationale etc.

Par ailleurs, ma passion pour le tourisme et mon sens de la prise d'initiative me conduisaient à user très souvent de mes re-lations et des ressources à disposition pour initier des activités promotionnelles et éducatives pour le compte de l'organisation tant au Gabon qu'à l'étranger à chaque fois que l'opportunité s'y présentait. Ainsi, avec peu, je pouvais faire de grandes choses, parce qu'au fur et à mesure que je m'impliquais de la sorte, je découvrais de mieux en mieux les nombreux talents qui som-meillaient en moi. *J'étais donc dans un processus de découverte de moi-même pour ainsi dire* !

Toujours dans le cadre des activités de l'ONG, un jour, nous eûmes une opportunité de formation en journalisme pendant une durée de six mois avec l'un des anciens directeurs généraux de la première chaîne de télévision Gabonaise (Gabon Télévi-sion) en la personne de monsieur Paul Mbadinga Matsendi. Ce programme de formation avait pour objectif de redynamiser le journalisme au Gabon et promouvoir le secteur dans les langues internationales telles que l'anglais et le mandarin. L'ONG ETG avait donc été conviée à prendre part à cet ambitieux projet. Je fus sélectionné par le président de l'ONG comme participant. En effet, je suivis une formation en tant que chroniqueur.

En Mai 2013, alors que l'Afrique du Sud était secouée par la dégradation de l'état de santé de Nelson Mandela, monsieur Paul nourrit l'ambitieux projet de faire une édition spéciale en version trilingue (en français, en anglais et en chinois) sur l'histoire de cette icône planétaire dans le but d'adresser au peuple sud-africain la solidarité du peuple gabonais. Nous travaillions en équipe d'arrache-pied sur l'histoire de l'Afrique du Sud en général et de celle de Nelson Mandela en particulier. Pour donner un cachet spécial à la réalisation de ce projet, monsieur Paul sollicita la collaboration des ambassadeurs d'Afrique du Sud et de Chine au Gabon pour des interviews sur l'œuvre de Nelson Mandela pour l'Afrique et de son impact sur le plan mondial.

Un jour, alors que j'étais à l'aéroport international Léon Mba (Libreville) pour réceptionner un colis en provenance d'Afrique du Sud dans le cadre d'une petite activité commerciale que j'entreprenais, je fis comme par hasard la rencontre du troisième Secrétaire général adjoint de l'Ambassadrice d'Afrique du Sud en la personne de monsieur Marsho September (en ce temps-là). En effet, j'avais eu l'opportunité d'échanger avec ce monsieur lors d'une prestation de guidage où je conduisais une délégation de parlementaires sud-africains en début d'année (Février). Lui ayant donc fait part *du projet Nelson Mandela* que nous envisagions, ce dernier marqua un fort intérêt. Je lui remis ma carte de visite et le jour qui suivait, il m'écrivit pour m'informer de la disponibilité de son Excellence Madame l'Ambassadeur Pearl Nomvume Magaqa à nous accompagner dans la réalisation du projet.

C'est en juillet 2013 que nous réalisions la première édition spéciale sur l'histoire de Nelson Mandela en trois langues internationales sur la première chaîne de télévision Gabonaise. En effet, leurs Excellences Monsieur Sun Jiwen et Madame Pearl Nomvume Magaqa avaient activement participé à la réussite de ce projet grande envergure. J'avais eu l'opportunité d'avoir en interview l'Ambassadeur à la chancellerie d'Afrique du Sud au Gabon. La culture de l'implication active avait significativement développé en moi le sens de l'audace. Ce fut l'une des plus grandes réalisations de l'organisation en cette année-là. Les années qui suivaient furent aussi caractérisées par la réalisation de bien d'autres projets ambitieux dans le domaine du tourisme. Je dois dire que chaque jour qui passait, je me rendais de compte de mieux en mieux du caractère fructueux de la culture de *l'implication active*. En fait, plus je m'impliquais de façon volontaire et diligente, mieux mes talents s'exprimaient de façon naturelle. C'était extraordinaire !

En août 2013, je me rendis au Bostwana pour une seconde fois sous l'invitation de mon ami Samuel Raditloko. Cette fois-ci, je fis un bond significatif vers l'avant dans mon aventure entrepreneuriale. Premièrement, j'avais participé à un programme d'échange organisé par un groupe d'entrepreneurs auquel appartient Samuel. Il s'agit du *Christian Business Forum*. En effet, ce groupe organisait une rencontre dans l'une des salles de l'hôtel Phagalane (l'un des hôtels les plus prestigieux de la ville de Gaborone). Je fus donc le seul invité francophone à cette grande plate-forme d'échanges d'expériences entrepreneuriales. Ce fut une expérience assez spéciale, et ce qui m'avait beaucoup marqué au sortir de cette rencontre, était le fait que j'avais en face de moi des entrepreneurs d'une communauté religieuse (des personnes de confession chrétienne) dévoués et engagés pour le développement social et économique de leur pays. Ce qui avait également retenu mon attention, était le fait qu'ils avaient convié des plus jeunes en situation d'initiation à l'entrepreneuriat pour donner à ces derniers l'opportunité d'apprendre des expériences des plus anciens. Au regard de la richesse des informations partagées au cours de cette rencontre, j'étais énormément boosté.

Comme quoi, pour couronner le tout, dans les jours qui suivaient, Samuel m'invita également à un séminaire qui avait lieu dans une église de la place, laquelle recevait un grand homme que ce monde a connu comme étant le pasteur de la plus grande église de Bahamas, un entrepreneur et propriétaire de cinq entreprises, un consultant des gouvernements, et l'auteur de 57 livres en la personne de feu docteur Myles Munroe. Le thème de son message était « *Redécouvrir le royaume* ». Tout au long du son exposé, deux phrases avaient retenu mon attention :

« *Ce que vous évitez, vous ne l'accomplirez jamais.* »

« *Ce que vous permettez dans votre vie, vous en êtes responsable.* »

Jusqu'aujourd'hui, je garde précieusement le carnet dans lequel j'ai écrit ces paroles. En fait ces paroles mettent en valeur l'importance de l'audace et du sens de la responsabilité. Ce fut un enseignement assez enrichissant.

De retour au Gabon, je me suis retrouvé à être deux fois plus motivé qu'auparavant, et tout cela, ne sachant pas que ma motivation était également une source de motivation pour certains membres de l'ONG. En effet, l'implication active et l'enthousiasme dans l'exercice de ma fonction amenaient certaines personnes à persévérer dans l'aventure même lorsque celles-ci se sentaient découragées (selon les dires de certaines personnes).

IV. Création de ma propre structure

Quelques années plus tard, le gouvernement gabonais pris l'initiative de booster le secteur agricole au Gabon en encourageant l'entrepreneuriat dans ledit secteur, en l'occurrence *l'entrepreneuriat coopératif*. A cet effet, un cadre favorisant la facilitation de la création de coopératives, l'accès aux programmes de formations techniques et aux financements avait été mise en place. Je vis cette politique de développement comme une véritable opportunité de développement communautaire. En effet, j'avais pris l'initiative de créer une coopérative à vocation agrotouristique appelée Scoops Caanan. Je m'étais associé à des collaborateurs passionnés de l'agriculture afin de mettre en œuvre cet ambitieux projet. J'étais donc à cheval entre l'ONG et cette coopérative. Bien entendu, dans les mois qui suivaient, je pris la décision de me consacrer uniquement à la gestion de la coopérative et à rester disponible à intervenir dans certaines activités de l'ONG. Ce fut une décision assez difficile mais il était temps pour moi de valoriser les acquis de mon séjour à l'ONG dans le cadre d'une vision personnelle.

Mais je dois souligner que l'expérience accumulée au sein de l'ONG ETG m'avait permis de concevoir le concept CIDC. En effet, cette riche expérience m'a permis d'impulser une nouvelle dynamique dans la gestion d'une structure associative: intégrer une forte dose de modernisme dans le logiciel managérial de l'entité en usant de certains principes de réussite en matière de politique de fonctionnement interne. Dans la coopérative par exemple, nous nous rassurions en toute chose d'avoir un système opératoire en phase avec l'évolution du monde actuel. Autrement dit, nous donnions de la valeur à notre activité. Nous étions tellement attachés aux principes d'innovation et d'originalité que cela nous permettait de bénéficier de nombreuses opportunités.

En Août 2015, nous participions à une compétition internationale appelée FAC (Future Agro Challenge), compétition à laquelle nous sortîmes troisième sur 11 candidats après avoir présenté un projet à caractère agrotouristique. Cela constituait pour nous un signe très positif.

Quelques mois plus tard, nous postulions à un programme de financement de microprojets par la mission diplomatique des

États Unis au Gabon (Le programme d'auto-assistance de l'Ambassadeur). Sur près de deux cent structures associatives ayant postulé, seules douze étaient retenues, et nous fûmes parmi les douze. C'était un autre bond que la coopérative avait fait.

Grâce à l'appui de l'association APJA (Agir Pour une Jeunesse Autonome) par le canal de madame Audrey Mebalet, nous participions à l'AGOA (African Growth Opportunity Act) édition 2015 à Libreville, suivi du African Citizen Forum et du New York Forum Africa.

En fin d'année, nous organisions une conférence qui portait sur la sortie officielle de la Scoops Caanan et de son bilan d'activités annuelles. Nous conviâmes à cette cet évènement plusieurs institutions locales à l'instar de la mairie d'Owendo représentée par Monsieur Aloise Apalaga; (troisième maire adjoint) et l'Ambassade des États Unis au Gabon représentée par madame Kathrine Brucker (Chargée de Mission adjoint). Je dois dire que le fait d'avoir pris l'initiative d'organiser cet événement était une façon pour moi de valoriser l'entrepreneuriat social tel que *je le pensais et le vivais avec mes collaborateurs*. Cette initiative plut énormément à nos partenaires.

Cependant, très vite et très malheureusement, l'administration de coopérative Caanan connu des perturbations internes profondes, qui ont fini par paralyser son développement en ce temps-là. Il m'était difficile de m'y remettre. C'était un choc émotionnel qui m'amenait à tout remettre en cause. C'était une période assez sombre pour moi.

Un an plus tard, je commençai à nourrir une passion pour le développement personnel et le développement communautaire. Ainsi, j'avais finis par considérer cette étape de ma carrière comme un autre tremplin pour me lancer dans un domaine, qui finalement correspondait à mon potentiel. Aussi incroyable que cela pouvait paraitre, en mars 2017, je fus nommé par le département d'État Américain puis par l'ambassade des États-Unis au Gabon en tant que Jeune leader africain pour participer au programme IVLP (International Visitor Leadership Program). Ceci avait été rendu possible grâce à madame Katherine Brucker que je remercie au passage. Je fus donc invité aux États-Unis, notamment à Washington DC, à Chicago, à Utah et à Portland pour représenter le Gabon dans le cadre de « *l'entrepreneuriat et le développement des entreprises* ». Ce séjour a été caractérisé par de nombreuses rencontres avec des autorités politiques et économiques. J'ai donc eu l'occasion d'échanger avec des entrepreneurs sociaux et d'apprendre de leurs expériences. Cette opportunité a été d'un apport considérable à l'évolution de la structuration et de la rédaction de ce livre et de la création de ma structure JM Entrepreneurship.

Aujourd'hui, grâce à cette riche expérience, j'œuvre pour la promotion de l'éducation entrepreneuriale dans un contexte social pour encourager le développement communautaire au Gabon et en Afrique au travers la JM (JM Entrepreneurship). J'ai l'honneur de travailler avec équipe de jeunes entrepreneurs dynamique constituée de messieurs *Moise Edgar Dibanganga Moussokini, Wilfrid Vicky Segla* et mesdemoiselles *Larissa Nancy Mboumba* et *Renée-Dominique Moyalé-Nongo*. Ensemble, nous encadrons plusieurs jeunes structures associatives dans leur processus de création, de structuration et de développement. Au travers de la JM, nous incitons également la jeunesse à la culture de l'engagement civique et du bénévolat.

Je dois dire que cette merveilleuse expérience a été rendu possible grâce à l'observation des étapes de l'approche CIDC et à l'application des principes qu'elle recommande. Cependant, il m'a fallu être particulièrement persévérant, car rien n'est donné dans cette aventure. J'ai compris que la réussite ne s'acquière que par le travail et la persévérance. Cette aventure n'a pas été aussi facile qu'on le croit. J'ai dû traverser certaines étapes assez douloureuses: *des situations frustrantes et humiliantes*. L'une des plus douloureuses était la séparation avec mes premiers collaborateurs notamment ceux de la Scoops Caanan pour des raisons de leadership. Cette épreuve était un enseignement profond de *l'école de la vie* en général et de *l'école de l'entrepreneuriat* en particulier. Comme quoi, l'entrepreneuriat est une aventure pleine d'épreuves. Il y a des hauts et des bas. Il y a des moments où l'on est tenté de tout abandonner à cause des multiples revers que l'on reçoit. Mais ce qu'il faut comprendre c'est que tout ceci concoure à notre maturité et élévation dans le domaine. Il est donc important d'aborder les difficultés sous cet angle. Sans ces défis, je n'aurais pas saisis des opportunités qui se cachaient derrières.

J'aimerais parler d'une personne qui m'a beaucoup marqué dans cette merveilleuse aventure entrepreneuriale, en l'occurrence monsieur Phillip Bakani, mon mentor. En effet, j'ai été beaucoup influencé par la culture entrepreneuriale (style de vie) de ce grand homme, apôtre, entrepreneur (PDG Lionsgate), écrivain et éducateur. Grâce à ses multiples casquettes, Phillip m'a inspiré à développer l'idée de la polyvalence, c'est à dire cette habilité à exprimer ses multiples talents dans des domaines qui nous passionnent. Cette influence positive a contribué au développement de l'idée de la dernière étape du concept CIDC (Création de sa propre entreprise).

En somme, ce qu'il faut retenir de cette expérience relatée dans ce chapitre, c'est que la réussite dans un domaine qui nous passionne est essentiellement déterminée par la volonté et la détermination que l'on développe. Ce modèle de réussite dans l'entrepreneuriat social présenté ici, est donc destiné à susciter des vocations chez la jeunesse africaine.

Je vous souhaite une agréable expérience.

Conclusion

On doit retenir que l'entrepreneuriat est d'abord et avant une initiative qui consiste à réaliser son idée soit dans un contexte économique ou social. Autrement dit, l'entrepreneuriat, tel que nous l'avons vu, n'est rien d'autre que l'expression de la volonté d'un individu à prendre son destin en main et à participer au développement social et économique de sa communauté et de son pays.

L'approche CIDC est un procédé qui permet à toute personne ayant l'esprit de prise d'initiative sommeillant en elle, de se lancer dans le domaine de l'entrepreneuriat en général et dans celui de l'entrepreneuriat social en particulier en:

- Développant la culture de la recherche de l'information pour découvrir l'objet de sa passion par la détection de ses talents.

- Intégrant une structure associative pour apprendre d'avantage sur l'objet de sa passion par la connaissance disponible au sein de l'organisation.
- Développant son potentiel et ses talents par l'implication active dans les activités de l'organisation.
- Créant sa propre structure pour implémenter sa propre vision au travers de l'expérience acquise dans le temps.

Il faut dire que beaucoup de personnes ont eu à appliquer la CIDC de manière inconsciente. Aujourd'hui, l'approche est rendue formelle par le biais de ce livre.

La CIDC permet donc à toutes celles et ceux qui n'ont pas eu l'opportunité d'être scolarisés, de finir leurs études, ou d'avoir reçu une formation adaptée à leur passion; aux personnes en situation de chômage, de handicap physique, de retraite précoce; et à la jeunesse, de *s'approprier des principes et des valeurs de développement pour se forger une culture entrepreneuriale afin de lutter efficacement et durablement contre la pauvreté.*

Ce livre est un manuel pédagogique qui a été conçu pour accompagner tout entrepreneur social débutant, tout au long de sa carrière dans cette aventure passionnante qu'on appelle l'entrepreneuriat. Par ailleurs, il est également un support sur lequel, un travailleur qui aspire à entreprendre dans le cadre de l'entrepreneuriat économique (PE, PME, PMI) peut s'appuyer pour épouser l'esprit de la CIDC et l'adapter dans son propre contexte.

De plus, il faut dire qu'il a été conçu pour permettre au lecteur en situation d'initiation à l'entrepreneuriat de:

Gagner ou de regagner le sens de l'estime de soi et de la responsabilité citoyenne en s'engageant dans un processus de déconstruction profonde des influences sociales hostiles à son développement personnel ;

Se découvrir au travers de "*la théorie des trois P*" qui implique les notions de Passion, de Paix et de Puissance ;

- Epouser la culture de la recherche
- Epouser la culture du dur labeur
- Epouser la culture du service

La culture entrepreneuriale selon l'approche CIDC inculque donc la notion de l'effort et celle du mérite en prônant les valeurs d'**honnêteté**, de **dignité** et de **justice**. Elle incite au développement personnel pour favoriser le développement communautaire. En effet, c'est dans ce sens que j'ai créé le concept *"Exprime ta passion & suscite des vocations ! "*. En valorisant l'objet de sa passion, nous donnons l'opportunité aux autres de s'inspirer de notre modèle, et donc, de les motiver à l'initiative personnelle. Je pense que c'est une façon indirecte et efficace de contribuer au développement communautaire.

La passion est une force qui nous propulse dans la réalisation de nos rêves. Lorsqu'on est passionné pour une cause bien spécifique, et surtout lorsqu'on s'efforce de rester fidèle aux valeurs d'honnêteté, de dignité et de justice, rien de ne peut nous arrêter. En fait, la passion qui nous anime nous permettra de toujours développer de manière instinctive des réflexes nous permettant de surmonter les difficultés en présence.

Par ailleurs, La culture entrepreneuriale que j'ai modestement essayé de valoriser ici, met en exergue la vitalité de la notion du *"naturel"*. Au travers de cet ouvrage, je me suis donc attelé à démontrer le caractère riche de tout ce qui nous est propre, et donc, naturel. Il a été question de présenter un processus de découverte des talents naturellement implantés en chaque être humain par l'*information*, du développement de ces talents par le *travail* et de leur valorisation par l'*entrepreneuriat*.

La jeunesse africaine a de plus en plus besoin de réponses concrètes aux nombreuses questions qu'elle se pose au sujet de son avenir, lequel se voit être menacé par le chômage, et surtout par la mentalité de sous-développement entretenue par la culture de l'assistanat (la dépendance envers l'État). Ceci dit, il est temps que chaque citoyen s'imprègne d'une mentalité responsable qui conduit à la culture de l'implication active pour son propre développement, à la culture de l'excellence qui prône des valeurs nobles et à la culture de l'engagement civique qui plaide pour la cause des communautés défavorisées.

Ce livre est également un moyen pour moi de m'adresser directement et personnellement à toutes ces personnes visionnaires qui ont le rêve de voir leur communauté se développer, et surtout de voir l'Afrique enfanter *une nouvelle génération de jeunes entrepreneurs sociaux passionnés* qui apporteront un changement significatif dans différents secteurs d'activité.

J'en profite également pour lancer un appel aux gouvernements africains sur l'importance de l'insertion de l'éducation entrepreneuriale dans les programmes scolaires et universitaires pour permettre à la jeunesse africaine d'avoir une culture entrepreneuriale favorable à ce que j'appelle le « **Rêve Africain** », c'est à dire *cette disposition d'esprit qui amène chaque "citoyen africain" à voir l'Afrique comme un continent d'opportunités multiples, et à se voir comme un acteur indispensable à la vulgarisation de ces opportunités par l'expression maximale de sa passion et de son engagement citoyen.*

Il est temps que la jeunesse se lève et prenne son destin en main. Il est temps que le leader que vous êtes, affirme sa personnalité et ses idées pour contribuer au développement votre communauté, de votre pays et de votre continent. Tout commence à petite échelle avant d'arriver à grande échelle. Aujourd'hui, vous avez désormais les rudiments nécessaires à votre décollage, il ne me reste plus qu'à vous dire: *allez-y et que **Dieu tout puissant** vous bénisse!*

Remerciements

La réalisation de cet ambitieux projet a été rendu possible grâce au soutien des membres de ma famille : à ma mère Bouenie Marie Madeleine, à mon défunt père Moyalé Christian, à mon grand frère et à mes grandes soeurs Moyalé Christian Arnorld, Moyalé Nongo Renée Dominique, Moyalé Maika Marina et Moyalé Lilia Elvyre.

Je remercie ma bien aimée Doutsona Nzagou Cléa Théodora.

Je remercie mon mentor Phillip Bakani et son épouse, Samuel Raditloko et son épouse, Lesego Gothusang et son épouse, Tshoganetsho, Jeff Hines , Trudy Hines, Pépécy Ogoulinguede, Katherine Brucker, Marietou Diakité, Melissa Cotton, Hans Maghaya, Joe Francis Mouanda, Stux Tumelo Mogotsi et son épouse, Batista et son épouse, AB et son épouse, Fouty Boulanga Mouleka, Moise Edgar Dibanganga Moussokini, Larissa Nancy Mboumba, Maginot Njongang et son épouse, Max Régis Moubele, Guy-Siméon Madoungou, Boniface Mouele, Mabson Farell Boubala, Boniface Nganga Nzembi, Olivier Armando Koum Ekwe Bile, M'vou Obie Audrey Aude, Evrar Mboulani Mbembo, Henry Stephen, Gauthier Litoudji, Walter Mbamy, Willy Taty, Viviane Manigo, M'vou Jonas Lola, Ghanga daniel Makita, John Honoré Mamidi, Paul Mbadinga Matshiendi, Destin Boufon tshinbinda, Elvys Presley Tshinbinda, John Walker Kumba, Jude nziengui, Jay Wilkinson et Phil Whitmarsh; Edouard Claude Oussou, Yoan Mboussou, Tania Ekome, Bernadette Sangare Ogombe.

Remerciement à l'ancien Ambassadeur des États-Unis au Gabon, Madame Sylvia Akuette.

Je remercie le Département d'État Américain, UCCD (Utah Council for Citizen Diplomacy), l'Université du Nebraska Lincoln, Non-Profit Hub, Redbrush, IREX, le programme IVLP (International Visitor Leadership Program), le MWF (Mandela Washington Fellowship), les Gabon MWF alumni, l'ancien président américain Barack Obama, l'Ambassadeur des États-Unis au Gabon Joël Danies, l'espace American Corner John Lewis, le Cercle Benjamin franklin, l'Université Omar Bongo.

Remerciements à Madame Lucie Milebou-Aubusson épouse Mboussou, président du Sénat Gabonais.

Je remercie la coopérative CAANAN, La JM Entrepreneurship et volontaires JM, la TBC (Tennis Bridge Community), l'ONG MALACHIE, la coopérative COATT (Coopérative Agrotouristique Thango), la coopérative YAMESA, la CACE, l'association 2AFPP et autres.

Bibliographie

La Sainte Bible par Louis Second.

Dictionnaire Français 2. 1.2. http://wiktionary.org

Synomyns Dictionary version 1.3

Robert William, *The 80 Unavoidable Values of Life*. Port Harcourt: Rochnosa Services Limited, 2014.

Arthur C. brooks, The Conservative Heart: How to Build a Fairer, Happier, and More Prosperous America. New York: Broadwide Books, 2015.

Laurien Beth Jones, *JESUS, CEO: Using Ancient Wisdom For Visionary Leadership*. New york : Hyperion, 1995.

Communiqué de la communication de la présidence de la République Gabonaise "COMMUNIQUE: PROGRAMME GRAINE POUR L'ENTREPRENEURIAT AGRICOLE"

Clémence Perrot. *Estime de soi et risque suicidaire*. Médecine humaine et pathologie. 2015. « dumas-01302500 »

PROVERBES AFRICAINS (Dari Somé –Legmoin)

L'Oralité en Afrique septembre 30, 2012 at 1:20by Mor Dieye http://www.mdieye.com/loralite-en-afrique/

ANNIVERSAIRE DES INDÉPENDANCES AFRICAINES FRANCO-PHONIE Publié le 19-03-2010 · Modifié le 24-03-2010 à 15:14 Afrique francophone : guerre des langues ou cohabitation soli-

daire ? L'Atlas mondial de la francophonie, par Ariane Poisson-
nier et Gérard Sournia, cartographie de Fabrice Le Goff, Collec-
tion Mini Atlas. Autrement/RFI

Les caractéristiques du système LMD LMD http://eco.univ-se-
tif.dz/fr/article.php?id=290

Association International des Gédéons. II Corinthiens 8:12

http://afriquejeuneentrepreneur.com/2016/06/13/sandile-
shezi-devenu-plus-jeune-millionnaire-sud-africain/

https://des-livres-pour-changer-de-vie.com/mon-projet-fou-
lire-52-des-meilleurs-livres-de-business-en-52-semaines-et-
publier-ici-un-rsum-par-semaine/

http://www.pensees-citations.com/theme/apprentissage/

http://www.un.org/africarenewal/fr/magazine/
%C3%A9dition-sp%C3%A9ciale-sur-la-jeunesse-2017/le-ch
%C3%B4mage-des-jeunes-%C3%A0-l%E2%80%99ombre-de-
la-croissance

Sur l'auteur

Joshard-Martin MBAMBI-MOYALE est un écrivain gabonais, entrepreneur social, conférencier bilingue et président-fondateur de l'ONG JM Entrepreneurship et de l'association Tennis Bridge Community. Il est titulaire d'une licence en étude de littérature Africaine qu'il a décrochée à l'Université Omar Bongo au Gabon. En 2017, il a été nommé par le Département d'État Américain pour participer au programme International Visitor Leadership Program aux Etats-Unis sous le thème *"Jeunes leaders émergeants: Entrepreneuriat et Développement des entreprises"*. En 2018, il a été sélectionné pour représenter son pays le Gabon au Etats-Unis (Nebraska, Lincoln) dans le cadre du programme Mandela Washington Fellowship sous le thème *"Civic leadership"*. Il est également l'initiateur du plusieurs programmes de formation tels que le BLC (Building Leadership by Coaching) et le SFDC (Séminaire des Femmes pour le Développement Communautaire). Il intervient régulièrement dans des salons et forums dédiés à la promotion de l'entrepreneuriat des jeunes, et participe à de nombreux programmes d'échange entre entrepreneurs au Botswana. Joshard-Martin est de confession chrétienne, il enseigne également dans des églises sur des thématiques liées à l'entrepreneuriat et au développement communautaire.

Joshard-Martin M.M

Liens et contacts

https://www.facebook.com/JoshardM/

https://www.irex.org/people/joshard-martin-mbambi-moyale

https://utahdiplomacy.org/friends-of-utah-joshard-martin-mbambi-moyale

ecrireJM@gmail.com et jmentrepreneurship@gmail.com

---

[1] La Sainte Bible par Louis Second. P. 659

[2] https://citations.ouest-france.fr/citation-proverbe-chinois/celui-sait-sait-eduque-celui-112370.html

[3] Communiqué de la communication de la présidence de la République Gabonaise "COMMUNIQUE: PROGRAMME GRAINE POUR L'ENTREPRENEURIAT AGRICOLE"

[4]   http://www.un.org/africarenewal/fr/magazine/
%C3%A9dition-sp%C3%A9ciale-sur-la-jeunesse-2017/le-ch
%C3%B4mage-des-jeunes-%C3%A0-l%E2%80%99ombre-de-
la-croissance

[5] Arthur C. brooks, *The Conservative Heart: How to Build a Fairer, Happier, and More Prosperous America.* New York: Broadwide
Books, 2015.

[6] Clémence Perrot. *Estime de soi et risque suicidaire.* Médecine
humaine et pathologie. 2015. « dumas-01302500 »

[7] PROVERBES AFRICAINS (Dari Somé –Legmoin)

[8] Robert William, *The 80 Unavoidable Values of Life.* Port Harcourt: Rochnosa Services Limited, 2014.

[9] ANNIVERSAIRE DES INDÉPENDANCES AFRICAINES FRAN-
COPHONIE Publié le 19-03-2010 • Modifié le 24-03-2010 à
15:14 Afrique francophone : guerre des langues ou cohabitation
solidaire ? L'Atlas mondial de la francophonie, par Ariane Pois-
sonnier et Gérard Sournia, cartographie de Fabrice Le Goff, Col-
lection Mini Atlas. Autrement/RFI

[10] Les caractéristiques du système LMD http://eco.univ-se-

tif.dz/fr/article.php?id=290

[11] Arthur C.Brooks, *The Conservative Heart: How to Build a Fairer, Happier, and More Prosperous America.* New York: Broadwide Books, 2015. P.19

[12] L'Oralité en Afrique septembre 30, 2012 at 1:20by Mor Dieye http://www.mdieye.com/loralite-en-afrique/

[13]   http://afriquejeuneentrepreneur.com/2016/06/13/sandile-shezi-devenu-plus-jeune-millionnaire-sud-africain/

[14]   https://des-livres-pour-changer-de-vie.com/mon-projet-fou-lire-52-des-meilleurs-livres-de-business-en-52-semaines-et-publier-ici-un-rsum-par-semaine/

[15]   https://des-livres-pour-changer-de-vie.com/mon-projet-fou-lire-52-des-meilleurs-livres-de-business-en-52-semaines-et-publier-ici-un-rsum-par-semaine/

www.ingramcontent.com/pod-product-compliance
Lightning Source LLC
Chambersburg PA
CBHW070436180526
45158CB00018B/1391

* 9 7 8 1 0 9 1 6 5 8 1 6 5 *